ERP 沙盘模拟实战经营

主　编　孙宜彬　薛彦登　于美玲

副主编　杨　帆　宋超超　王　敏

参　编　张永娟　赵玉凤　王召贤

煤炭工业出版社

·北　京·

图书在版编目（CIP）数据

ERP沙盘模拟实战经营／孙宜彬，薛彦登，于美玲主编．--北京：煤炭工业出版社，2015

ISBN 978-7-5020-5008-5

Ⅰ.①E… Ⅱ.①孙… ②薛… ③于… Ⅲ.①企业管理—计算机管理系统 Ⅳ.①F270.7

中国版本图书馆CIP数据核字（2015）第232326号

ERP沙盘模拟实战经营

主　　编　孙宜彬　薛彦登　于美玲
责任编辑　刘少辉
责任校对　郭浩亮
封面设计　马湾湾

出版发行　煤炭工业出版社（北京市朝阳区芍药居35号　100029）
电　　话　010-84657898（总编室）
010-64018321（发行部）　010-84657880（读者服务部）
电子信箱　cciph612@126.com
网　　址　www.cciph.com.cn
印　　刷　北京市迪鑫印刷厂
经　　销　全国新华书店

开　　本　787mm×1092mm 1/16　**印张**　14 1/2　**字数**　230千字
版　　次　2015年10月第1版　2015年10月第1次印刷
社内编号　7854　**定价**　29.80元

前言 Preface

运筹帷幄之中，决胜千里之外。这一幕幕战场中的场景，总会让人记忆犹新。现今的社会，国家与国家之间、企业与企业之间，竞争变成了一场看不见硝烟的战争。如何优化企业成本、把握市场脉搏、团队协作高效、供应链协同到位、应变能力较强，最终去满足不同时间、不同地点、不同客户的变化需求，这成为了每个企业都会遇到的难题。

如何提高管理人员的战略管理能力、成本核算能力、团队协作能力、发现问题解决问题的能力、创新能力等，这是众多企业对人员培训所考虑的问题。

高等院校承担着培养社会建设者的重任，如何在院校中培养的知识和技能可以零对接社会中企业的需求，如何在人才培养中提升学生的综合素质，这是每个高等院校都会考虑的问题。

沙盘的出现，在一定程度上，帮助解决了提升学生综合素质的功能。把复杂的、难懂的、不易理解的知识和技能，通过可以理解的、形象化的沙盘的形式，让学生去掌握。

本教材，结合编者多年的教学、大赛指导经验，以简单、易懂的语言，以工作过程化的流程，去为大家展示出企业沙盘模拟经营的流程。让读者在不知不觉中，了解并掌握企业沙盘模拟经营的全过程。

由于编写人员阅历、水平所限，书中的疏漏与不当之处在所难免，敬请有关专家和读者批评指正。

第一章 认识 ERP 沙盘

1.1 沙盘的由来

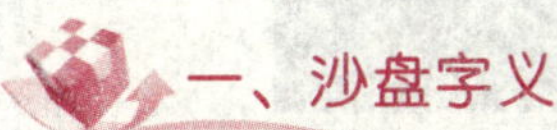

一、沙盘字义

沙盘，现代汉语词典中的解释为：①盛着细沙的盘子，可作写字用。清·沈起凤在《谐铎·穷士扶乩》中提到："吴中马颠，能诗，工词曲，而名不山里巷。饥驱潦倒，薄游于扬，以诗遍谒（yè）贵游，三载卒无所遇。适虹桥荷花盛开，鹾（cuó）贾设宴园亭，招名士之客于扬者。马私挟诗稿而往，阍（hūn）人阻之，马排闼（tà）直入。众哗问为谁？马曰：'某吴中穷士，少习扶乩（jī）。今贵客满座，请献薄技。'时扬州扶乩正盛，就近地借得沙盘等具，排列中庭。马书符焚汔，择一仆共襄厥事。乩忽飞动，大书二十八字，曰：藕花香里路迢迢，准拟吟诗付玉箫。踏遍平山人不见，自回短桌过虹桥。"②根据地图或实际地形，按一定比例用泥沙等做成的地形模型，主要供军事上用。要清川在《昼探无名山》一书中提到："在沙盘作业中，每一个担负攻击的班以及担负打扰的班，都明确了自己的目标、道路和位置。"

二、沙盘演变

最早的沙盘雏形，可以追溯到 2200 多年前的秦朝。据说，秦在部署灭六国时，秦始皇亲自堆制沙盘研究各国地理形势，在李斯的辅佐下，派大将王翦进行统一 战争。后来，秦始皇在修建陵墓时，在自己的陵墓中堆建了一个大型的地形模型。模型中不仅砌有高山、丘陵、城池等，而且还用水银模拟江河、大海，用机械装置使水银流动循环。

中国南朝宋范晔撰《后汉书·马援传》也有记载：汉建武八年（公元 32 年）光武帝征伐天水、武都一带地方豪强隗嚣时，大将马援"聚米为山谷，指画形势"，使光武帝顿有"虏在吾目中矣"的感觉，这就是最早的沙盘作业。

1811 年，普鲁士国王菲特烈·威廉三世的文职军事顾问冯·莱斯维茨，用胶泥制作了一个精巧的战场模型，用颜色把道路、河流、村庄和树林表示出来，用小瓷块代表军队和武器，把它陈列在波茨坦皇宫里，用来进行军事游戏。后来，莱斯维茨的儿子利用沙盘、地图表示地形地貌，以算时器表示军队和武器的配置情况，按照实战方式进行策略谋划。这种"战争博弈"就是现代沙盘作业，也即沙盘推演、沙盘模拟或者沙盘模拟推演。19 世纪末和 20 年代初，沙盘主要用于军事训练。借助沙盘的推演，红、蓝两军在战场上实现对抗与较量，发现双方战略战术上存在的问题，提高指挥员的作战能力。

第一次世界大战后，英、美知名商学院和管理咨询机构很快意识到这种方法同样适合企业对企业人员的锻炼，随即对军事沙盘模拟推演进行广泛的借鉴与研究，最终开发出了适用于企业人员培养的各种类型的沙盘。

1.2 认识 ERP

ERP，为英文单词 Enterprise Resource Planning 的简写，中文释义为："企业资源规划或企业资源计划"，是由美国著名管理咨询公司 Gartner 于 1990 年代初期依据信息技术的发展及供应链管理所提出的企业管理概念，最初被定义为应用软件，但迅速为全世界商业企业所接受。现在已经发展成为一个重要的现代企业管理理论，也是一个实施企业流程再造的重要工具。

ERP 系统，其建立在资讯技术基础上，以系统化的管理思想，为企业决策层及员工提供决策运行管理平台。ERP 也是实施企业流程再造的重要工具之一，是属于大型制造业所使用的公司资源管理系统。ERP 把企业管理理念、业务流程、基础数据、人力物力、计算机硬件和软件整合于一体，形成企业资源管理系统。在整合过程中，把人、财、物、信息、时间和空间等综合资源进行综合平衡和优化管理，协调企业各管理部门，围绕市场导向开展业务活动，提高企业的核心竞争力，从而取得更好的经济效益。

从以上介绍不难看出，ERP 的几个关键词：**资源**、**系统化**、**整合**、**优化**。

1.3 何谓 ERP 沙盘

沙盘在企业人员培养中的应用，涵盖了众多类型，如企业资源规划沙盘（俗称企业管理沙盘）、战略规划沙盘、人力资源管理沙盘、项目管理沙盘、供应链沙盘等。ERP 沙盘，就是借助于物理或者电子沙盘，展示出企业的市场、客户、生产、供应商、库存、财务、原料、厂房、设备、仓库、订单、合同等内外部资源。

ERP 沙盘模拟，就是把 ERP 思想、企业经营管理理念、沙盘推演等内容相结合，把受训人员分成几家企业进行角色体验的平台。角色体验人员，分别有人担任总经理、财务总监、营销总监、生产总监、采购（物流）总监、市场总监、会计总监等职务，人员分别

归属于控制中心、财务中心、生产中心、物流中心、营销中心等职能中心。职能中心和相应的人员，需要对战略规划、资金筹集、市场营销、产品研发、生产组织、物资采购、设备投资与改造、财务核算与管理等工作进行负责。

所有企业在同样一个公平的市场环境、相同的客户群、同样的经营规则中进行企业模拟经营。受训人员需要进行分析市场、制定战略、营销策划、组织生产、财务管理等一系列活动，以实现企业正常发展，避免破产淘汰。

在 ERP 沙盘模拟过程中，你将在这些方面有所收获：

知识方面：

●掌握企业运营的基本流程；

●熟悉市场分析的方式和方法；

●掌握企业简单的资金预算包括的项目内容；

●熟悉企业的 MRP 规划包含的内容；

●掌握企业采购计划制定所需的要素；

●熟悉综合管理费用明细表、利润表和资产负债表包含的内容；

●了解企业运营中简单的营销策略和方法；

●了解 ERP 理论的基本概念和术语。

能力方面：

●专业能力。具备简单的采购计划制定能力、生产计划安排能力、财务规划预算能力和市场数据分析能力；

●方法能力。具备运用和支配企业现有资源的能力、搜集对手信息的能力、分析对手找到企业应对策略的能力，能够在不同的企业经营规则和市场预测环境下从容应对的能力；

●社会能力。具备良好的沟通和协调能力、团队协作能力、发现问题、解决问题的能力和不断突破取得自我提升的能力。

素质方面：

●具备良好的竞争和协作精神；

●能够承受危机所具备过硬的心理素质；

●踏实肯干的工作态度和优秀的企业团队责任感。

记得，努力越多，收获越多！

第二章 课程安排

2.1 课堂安排

对于 ERP 沙盘模拟课程而言，如果是企业培训，可以采用一天、两天或者数天集中培训的安排。如果是学校课堂学习，可以采用一周固定课时（2 课时或者 4 课时），连续一学期的方式或者采用一周一班集中上课的方式。不同的环境下，可以根据实际情况选择。

一周固定课时，课堂安排相对简单，在此不做说明，只就一周一班集中上课的方式加以说明。

一周一班集中上课方式，上课时间为一周 5 天。主要方式，一般有两种：

方式一：

- 周一、周二物理沙盘；
- 周三、周四电子沙盘；
- 周五比赛考核。

方式二：

- 周一、周二、周三物理沙盘；
- 周四、周五电子沙盘。

两种方式的选择，可以根据课堂人员的情况灵活选择。

课堂要求：

- 课堂采用“课堂企业化”，在一周内是“上班”，而非“上课”；
- 第一堂课上课时考勤，开始上班；
- 第一堂课上课之前，各个企业需把自己企业的卫生打扫完毕；
- 上午最后一节课下课时考勤下班；
- 下午第一节课上课时考勤上班，下午最后一节课下课时考勤下班。

2.2 考核安排

课堂学生的考核参考实际企业中对工作人员的考核情况，结合课堂，从多个方面进行：①按照企业要求，对学生上、下班（课）进行考核，占成绩的 10%；②物理沙盘企业经营表现，占成绩的 20%；③电子沙盘企业经营表现，占成绩的 20%；④学生一周经营企业的表现，占成绩的 30%；⑤企业组（个人）提交的企业经营心得，占成绩的 20%。

各项成绩考核满分100分，计算总分时，各项成绩乘以相应的所占总分百分比求和。

总成绩＝（①＋②＋③＋④）表现×周五比赛＋⑤　　方式一

或　　总成绩＝①＋②＋③＋④＋⑤　　方式二

一、企业表现

1. 占课程总评成绩的10％。

2. 考核内容主要为按照企业要求，对学生进行有无迟到、早退现象，是否能提前打扫好公司（沙盘桌子）等企业规定的考核。

二、物理沙盘企业经营状况

1. 占期末总评成绩的20％。

2. 物理沙盘经营的状况，企业小组每个人的参与程度，每个人的表现情况，团队的表现等。各企业小组经营的好坏和最后的成绩相关，但并不是全部的影响因素。企业小组破产注资后经营的好坏，同样也会影响最后的成绩。

三、电子沙盘企业经营状况

1. 占期末总评成绩的20％。

2. 电子沙盘经营的状况，企业小组每个人的参与程度，每个人的表现情况，团队的表现等。各企业小组经营的好坏和最后的成绩相关，但并不是全部的影响因素。企业小组破产注资后经营的好坏，同样也会影响最后的成绩。

（四）学生一周表现

1. 占期末总评成绩的30％。

2. 根据学生是否按照企业的要求严格上课制度这方面的表现。

3. 在物理沙盘经营中个人的表现，比如发现问题、解决问题等方面和企业经营的好坏没有直接关系，主要依据学生的个人表现。

4. 在电子沙盘经营中个人的表现，比如发现问题、解决问题等方面，和企业经营的好坏没有直接关系，主要依据学生的个人表现来打分。

（五）企业经营心得

1. 占期末总评成绩的20％。

2. 经过一周的企业模拟经营后，学生对企业的大体流程，有了一个全新的认识。对各个部门的通力合作，有了全面的了解和认知。根据一周的沙盘课程，写一份经营心得、经营感悟。

第三章　组建团队

3.1 班级分组

班级成员分组，首先需确定要分组的组数。组数的多少一般由物理或者电子沙盘用具组数和人员总人数决定。目前，市面上流通的主流 ERP 沙盘用具，有 6 组、8 组、10 组或者 12 组。

组数确定后，接着就是确定组内人员，组内人员的确定需遵循以下的分组原则：

> 分组原则：
> ①全班女生和男生平均分配到各组中；
> ②同一宿舍人员不能在同一组内。

现在，给大家 5—10 分钟的时间，进行班级分组。

分组完毕，请每位组员记下自己组的分组信息（请保持组员间各自记的信息一致）：

组 别：________________　　**成员** 1：________________

成员 2：________________　　**成员** 3：________________

成员 4：________________　　**成员** 5：________________

成员 6：________________　　**成员** 7：________________

成员 8：________________

3.2 组员定岗

组别和组内成员确定后，接下来就需要对组内各个成员确定相应的岗位，即为组内成员定岗。依据每组成员的多少，成员可以分别担任总经理、财务总监、营销总监、生产总监、采购（物流）总监、市场总监、会计总监等。

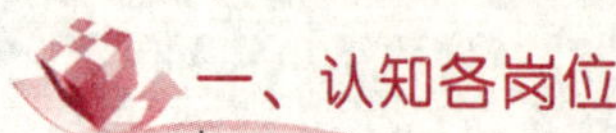

一、认知各岗位

> 现在，请你用 10—20 分钟的时间，对以下各岗位内容进行认知，对比各岗位间的差别。

1. 认知总经理

总经理，即 ERP 沙盘控制中心的负责人。作为企业的领军人物，其要对企业的兴衰、

荣辱负责。要把其他所有员工团结在一起，带领成员一起制定总体战略与年度经营计划，并分配落实；带领员工对企业面临的市场竞争格局进行分析；确定企业短期和中长期经营指标；制定企业业务策略；对企业预算进行管理；建立和健全公司的管理体系与组织结构；对企业的经营绩效进行分析；对员工的业绩进行考核、评价和管理。

在企业模拟经营过程中，负责员工间的协调和团队向心力的凝聚。企业所有的重要决策均由总经理带领团队成员共同决定，如果大家意见相左时，总经理有最终决定权。

2. 认知财务总监

财务总监，即 ERP 沙盘财务中心的负责人之一。其对企业资金流的控制，负有重要的责任。要提前预测、规划企业的资金需求，还肩负企业资金的筹集、监控和调度的任务；要掌控好现金流，对各项花费进行核算，做好财务分析；制定企业不同阶段不同的融资策略；进行现金预算，将资金成本控制到较低水平，管好、用好资金；管理资金的调度与风险；梳理并完善财务制度。

在企业模拟经营过程中，财务总监需参与到众多事情当中。例如厂房的购置、设备的投入、产品的研发、市场和 ISO 的投入等，都需财务总监的参与。只有财务部门掌握了公司的资金往来，才能让企业的资金流为物流、商流、信息流提供支持，并成为“四流合一”的动力。

3. 认知营销总监

营销总监，即 ERP 沙盘营销中心的负责人之一。其负责搜集企业客户的需求并对其进行分析，对企业所面向市场进行销售预测，制定销售计划和销售预算，确定销售部门的目标体系；需要联合生产部门制定品种发展策略；推广产品、与客户谈判，争取客户订单；与客户签订合同并负责对过程的控制；负责对销售团队建设与管理；负责客户的管理，确保货款及时回笼；对销售业绩进行分析与评估。

在企业模拟经营过程中，销售总监应结合市场预测及客户需求制订销售计划，有选择地进行广告投放，取得与企业生产能力相匹配的客户订单，与生产部门做好沟通，保证按时交货给客户，监督货款的回收，进行客户关系管理。

4. 认知生产总监

生产总监，即 ERP 沙盘生产中心的负责人。其负责安排生产、落实生产计划；负责修订质量管理制度、落实制度执行，监控质量目标的达成情况；负责规划、配置和调动生产资源，以满足生产的正常进行，从而能够正常、保质、保量、保时的交货；优化生产组织过程，推动工艺路线的优化和工艺方法的改进，扩充并改进生产设备，不断降低生产成本；参与新产品的开发，并就当前的生产设备情况提出自己部门的意见；持续扩大和改善产品系列，在满足客户要求的基础上尽量降低生产成本；确保为企业的销售提供产能的支持；确保对半成品和成品的掌控。

在企业模拟经营过程中，生产总监负责管理企业的一切生产活动及和生产相关的活动。生产总监不但负责负责制定生产计划，还负责监控整个生产过程，在企业中具有重要的作用和责任。生产总监需要通过计划、组织、协调、控制等管理方式，优化企业的资源配置，为企业创造尽更多的经济效益。

5. 认知采购（物流）总监

采购（物流）总监，即 ERP 沙盘物流中心的负责人。负责生产所需各种物料的及时采购和管理，满足企业的正常生产需求；负责搜集市场信息、选择供应商，力求选择价格、质量较合理的企业，能够采购到合适的价格、合适的质量、在合适的时间、送到合适的地点的原料，满足企业的需求；负责制定并实施采购供应计划；负责进行供应商的管理；制定采购预算。

在企业模拟经营过程中，采购总监负责制定采购计划、与供应商签订供货合同、监督原料采购过程并按计划向供应商付款、管理原料库等具体工作。

6. 认知市场总监

市场总监，即 ERP 沙盘营销中心的负责人之一。负责调研市场、分析市场信息，整理出对市场前景的判断；负责制定公司市场营销战略和实施计划；选定市场进入策略；根据掌握的市场情况，制定广告宣传策略；对企业市场营销计划进行监督和控制；负责企业营销组织建设与激励工作。

在企业模拟经营过程中，市场总监负责对企业竞争对手分析，例如：企业在每个市场的竞争对手有多少？每个市场的最大竞争对手是谁？竞争对手在某个市场的去年销售额是多少？

7. 认知会计总监

会计总监，即 ERP 沙盘财务中心的负责人之一。负责记录公司的日常现金收支情况，定期或不定期的检查企业的经营状况，核算企业的经营成果，按时报送财务报表；对应收款、应付款等进行管理；对成本数据进行分类、汇总、整理、分析；定期或者不定期清查现金，检查存货，确保账实相符。

在企业模拟经营中，会计总监主要负责日常现金的收支，于每年年末编制综合费用明细表、利润表和资产负债表等。

二、确定岗位

根据对岗位的认知，请组员间互相讨论，确定各人的岗位分工。

请把岗位分工情况，记录下来：

组　别： ____________

总经理： ____________　**财务总监：** ____________

营销总监： ____________　**生产总监：** ____________

采购总监： ____________　**市场总监：** ____________

会计总监： ____________　________**：** ____________

注意：①需优先把总经理、财务总监、营销总监、生产总监、采购总监5个岗位定好人员；②财务可兼任会计总监，营销可兼任市场总监。

3.3 确定办公场所

岗位确定后，需要确定各岗位的办公室场所。在 ERP 沙盘企业模拟经营过程中，各岗位的办公场所指 ERP 物理沙盘盘面各部分所对应位置。本书以当前较流行的新道科技 ERP 沙盘为样板①，进行岗位办公场所的确定，如图所示：

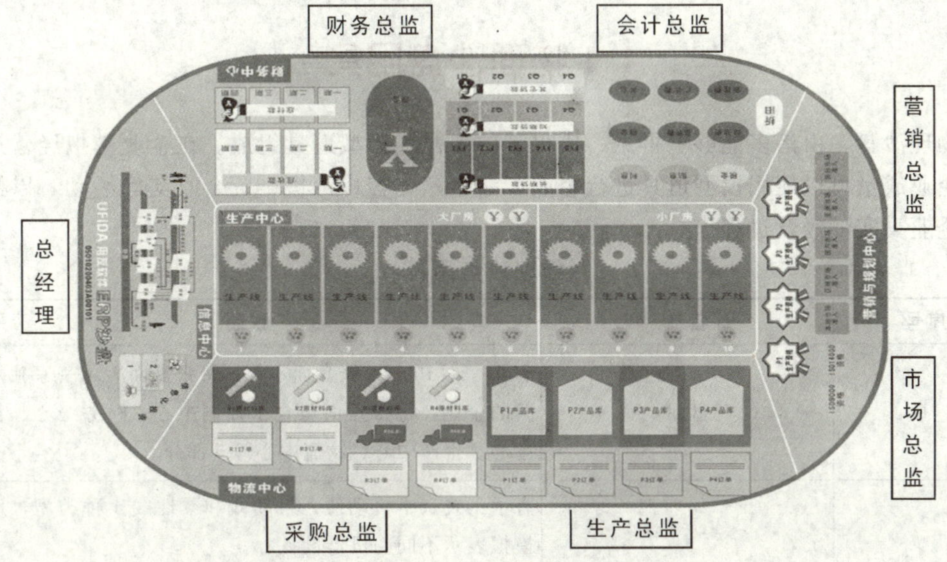

> 请各组成员依据自己的岗位，参照上图，调换一下位置，找到自己的办公场所。

---

① 本书以后内容，物理沙盘不再特殊说明时，都以用友新道沙盘为样板。

第四章　物理沙盘经营

4.1 物理沙盘用具

物理沙盘，由诸多能够看得见、摸得着的各样式模型道具组成。在企业模拟经营过程中，企业成员可以使用模型道具进行企业产品生产、客户销售、资金收支等活动，以模拟实现企业真实的经营过程。

物理沙盘用具

序号	名称	说明
1	盘面	有 6、8、10、12 张盘面不等，每张盘面表示一家独立经营的企业，每张盘面包含了控制中心、财务中心、营销中心、生产中心、物流中心等 5 部分。
2	生产线	有手工线、半自动线、自动线和柔性线 4 种类型，用于模拟表示不同的机器设备。
3	产品标识	和生产线配合使用，用以表示生产线生产的是哪种类型的产品，有 P1、P2、P3、P4 产品之分。
4	订单	不同市场、不同客户的产品需求，用订单的形式反映出来，作为销售的依据。
5	灰币	用来表示资金（金钱），一个灰币代表 1M（million），即一个灰币代表 1 百万。
6	彩币	用来表示原材料，有红、黄、蓝、绿 4 种之分，用来表示 R1、R2、R3、R4 原材料。
7	空桶	用来盛放灰币和彩币，经营中也用来代表原材料订单或者长短贷贷款。
8	市场准入证	用来表示企业在某个市场中是否拥有准入资格，是企业在市场中生产、销售等经营活动的依据。
9	产品资格证	用来表示所要生产、销售的产品，是否合格、是否满足各方面的标准需求。
10	ISO 资格证	用来表示企业的质量、环境等是否通过了 ISO 的认证。

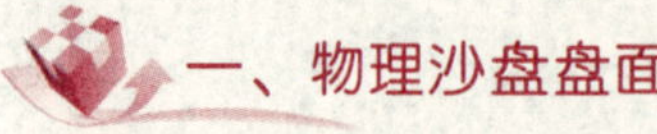

一、物理沙盘盘面

物理沙盘盘面，用来代替企业的实际场景，方便进行企业模拟经营。主要由控制中

心、财务中心、营销中心、生产中心、物流中心等 5 部分组成。

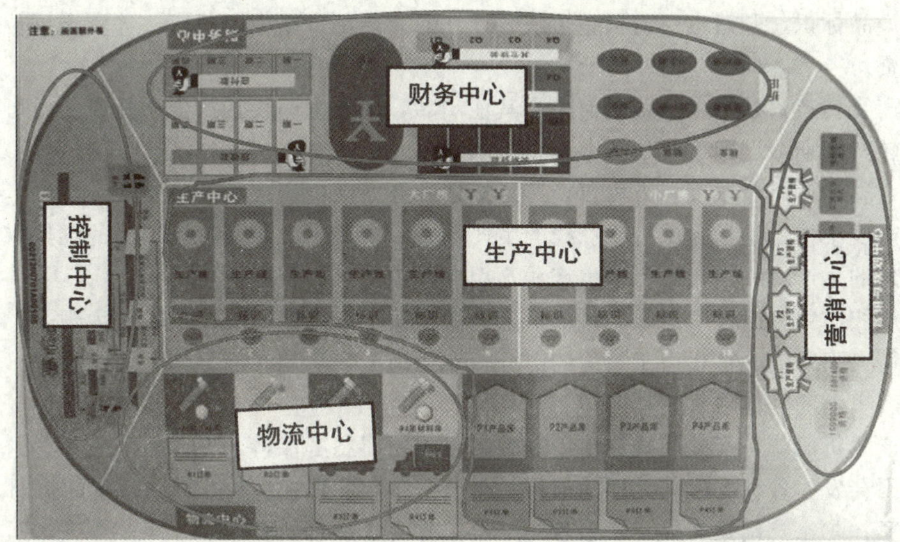

通过上图可以看出，控制中心、财务中心、营销中心、生产中心、物流中心等 5 部分合在一起，覆盖了 ERP 沙盘的整个盘面。企业的经营活动，都在这张盘面上反应出来。

二、生产线

有手工线、半自动线、自动线和柔性线 4 种类型，用于模拟表示不同的机器设备。

生产线类型表

序号	名称	图例	说明
1	手工线	手工生产线 1 2 3	最原始的生产设备，技术要求低，资金投入最低，生产效率低下，但能够随时变产。
2	半自动线	半自动生产线 1 2	手工线的升级设备，技术要求变高，资金投入增加，生效效率得到了提升，变产能力不足。
3	自动线	全自动生产线	半自动线的升级设备，技术要求实现了自动化，资金投入较高，生产效率最大化，变产能力不足。
4	柔性线	柔性生产线	最高级的生产设备，技术要求实现了智能化，资金投入最高，生产效率和自动线相当，可以随时变产。

生产线新投资，**投资新生产线时按安装周期平均支付投资**，全部投资到位后下一个季度领取产品标识，开始生产。资金短缺时，任何时候都可以中断投资。等资金到位后，再继续投资。

生产线转产，是指生产线转而生产其他产品，现有生产线转产生产新产品时可能需要一定的转产周期（也即生产线改装时间）并支付一定的转产费用（也即改装费用），最后一笔资金支付后一个季度，方可更换产品标识，开始新生产。

生产线维护，是指为保持生产线的生产效率，要对生产线进行周期性的维护（维修）。当年在建的生产线和当年出售的生产线不用交维护费（或维修费）。

生产线出售，出售生产线时，如果生产线净值小于残值，将净值转换为现金；如果生产线净值大于残值，将相当于残值的部分转换为现金，将差额部分作为费用处理（作为综合费用表里面的其他项目）。

生产线折旧，是指生产线在使用过程中，实物形态虽保持不变，但因使用、磨损及陈旧等原因会发生各种有形和无形的损耗。生产线每年的损耗多少，即为每年的折旧。

注意：①生产线建好后，不管用与不用，都要缴纳维护费；

②当年建成的生产线不计提折旧，从生产线建好后的第二年开始折旧；

③当年建成未使用的生产线，也要折旧；

④所有生产线可以生产所有产品，每条生产线同时只能有一个产品在线生产；

⑤产品上线时需要支付加工费。

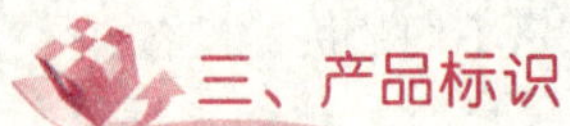

三、产品标识

用来表示生产线所产产品的标识，有 P1、P2、P3、P4 四种产品类型。这里的 P，为英文单词 Product（产品）的缩写，故 P1 为产品 1、P2 为产品 2、P3 为产品 3、P4 为产品 4。

产品标识表

序号	名称	图例	说明
1	P1 标识	P1产品	表示所产产品为 P1，P1 为技术含量最低的产品，投入低，价格低。
2	P2 标识	P2产品	表示所产产品为 P2，P2 为高于 P1 技术含量的一种产品，技术相对较新，投入加大，价格也变高。
3	P3 标识	P3产品	表示所产产品为 P3，P3 为高于 P2 技术含量的一种产品，技术相对较新，投入更大，价格也更高。
4	P4 标识	P4产品	表示所产产品为 P4，P4 为高于 P3 技术含量的一种产品，技术最高，投入最大，价格最高。

四、订单

是市场中客户对产品需求的一种反映，客户通过用订单的形式告知供应商，他所需要的产品类型、产品价格、产品数量、产品总交易额、交货时间、产品账款时间等。

产品：　**P1**

数量：　**5**

单价：　**5.2M/个**

总额：　**26M**

交货期**3Q**　　应收账期**2Q**

本张订单说明：

①产品 P1，表示客户需要的产品为 P1；

②数量 5，表示客户需要的 P1 产品数量为 5 个；

③单价 5.2M/个，表示客户需要的 P1 产品单价为 5.2M；

④总额 26M，表示此张订单成交总金额为 26M；

⑤交货期 3Q，表示此张订单最晚不能低于 3 季度交货；

⑥应收账期 2Q，表示从交货开始算起的两个季度后收到货款。

概念解释：①交货期，货物的交货时间，一般指货物的最晚交货时间，即交货时间不能晚于此时间点；

②应收账期，从交货时开始算起的货款回收时间，即应该收回的款项的时间；

③Q，英文单词 Quarter 的首字母，意思为季度。

五、灰币

银灰色圆形硬塑料，用来表示企业经营过程中用到的资金。一个灰币代表 1M（million），即一个灰币代表一百万。经营过程中，所有用到的资金，都需用灰币来进行交易。

钱币图例表

序号	名称	图例	说明
1	灰币		用来表示企业经营过程中用到的资金。

六、彩币

用来表示原材料，有红、黄、蓝、绿 4 种之分，分别用来表示 R1、R2、R3、R4 原材料。这里的 R，为英文单词 Resourse（资源、原料）的缩写，故 R1 为原材料 1、R2 为原材料 2、R3 为原材料 3、R4 为原材料 4。

原材料图例表

序号	名称	图例	说明
1	R1		红色，用来表示原材料 R1。
2	R2		黄色，用来表示原材料 R2。
3	R3		蓝色，用来表示原材料 R3。
4	R4		绿色，用来表示原材料 R4。

七、空桶

用来盛放灰币和彩币，经营中，也用来代表原材料订单或者长短贷贷款。

空桶使用介绍表

序号	名称	图例	说明
1	空桶		用来盛放灰币或彩币，即用来盛放钱币或原材料。

2	满桶	20M	在盛放钱币时，满桶为20M；若为原材料，即为20个原材料。
3	原材料订单		可用一个空桶，表示一个原材料的订单。放在物流中心的原料订单区。
4	长短贷贷款		空桶倒置放在财务中心的贷款区，一个倒置的空桶，表示贷款20M。

八、市场准入证

用来表示企业在某个市场中是否拥有准入资格，是企业在市场中生产、销售等经营活动的依据。市场准入证，有本地市场、区域市场、国内市场、亚洲市场、国际市场之分。

市场准入介绍表

序号	名称	图例	说明
1	本地市场准入	本地市场准入	表示可以在本地市场进行销售经营活动。
2	区域市场准入	区域市场准入	表示可以在区域市场进行销售经营活动。
3	国内市场准入	国内市场准入	表示可以在国内市场进行销售经营活动。
4	亚洲市场准入	亚洲市场准入	表示可以在亚洲市场进行销售经营活动。
5	国际市场准入	国际市场准入	表示可以在国际市场进行销售经营活动。

不同市场投入的费用及时间不同，只有市场投入全部完成后方可持所有投资换取相应市场准入证。

注意：①市场开发投资按年度支付，允许同时开发多个市场；

②每个市场每年最多投资为 1M，不允许加速投资，但允许中断投资；

③市场开发完成后持开发费用到换证处领取市场准入证，之后才允许进入该市场竞单。

九、产品资格证

用来表示所要生产、销售的产品，是否合格、是否满足各方面的标准需求。

产品资格证表

序号	名称	图例	说明
1	P1 生产资格	P1 生产资格	表示本企业具有了 P1 的生产资格，能够满足国家相关部门的标准要求。
2	P2 生产资格	P2 生产资格	表示本企业具有了 P2 的生产资格，能够满足国家相关部门的标准要求。
3	P3 生产资格	P3 生产资格	表示本企业具有了 P3 的生产资格，能够满足国家相关部门的标准要求。
4	P4 生产资格	P4 生产资格	表示本企业具有了 P4 的生产资格，能够满足国家相关部门的标准要求。

新产品的研发投资可以同时进行，按季度平均支付或延期，资金短缺时可以中断；但必须完成投资后换证方可接单生产。研发投资完成后持全部投资换取产品生产资格证。

产品研发完成后，可以接单生产，生产不同的产品用到的原料不同。不同产品所需用的原料，可以通过 BOM（Bill Of Materials，物料清单）来分析。

十、ISO 资格证

用来表示企业的质量、环境等是否通过了 ISO 的认证。ISO，International

Organization for Standardization 的简称，即国际标准化组织。是一个全球性的非政府组织，是国际标准化领域中一个十分重要的组织。ISO 一词来源于希腊语“ISOS”，即“EQUAL”——平等之意。ISO 国际标准组织成立于 1946 年，中国是 ISO 的正式成员，代表中国参加 ISO 的国家机构是中国国家技术监督局（CSBTS）。

ISO 负责目前绝大部分领域（包括军工、石油、船舶等垄断行业）的标准化活动。ISO 的宗旨是“在世界上促进标准化及其相关活动的发展，以便于商品和服务的国际交换，在智力、科学、技术和经济领域开展合作。”

ISO 资格证表

序号	名称	图例	说明
1	ISO9000	ISO9000 资格	国际质量体系认证，用来对企业的产品质量加以衡量。
2	ISO14000	ISO14000 资格	国际环境体系认证，用来对企业的产品质量加以衡量。

两项认证投资可同时进行或延期进行，资金短缺时可以中断，等资金到位后再继续投资。相应投资完成后，再拿投资费用去换取 ISO 资格证。

4.2 物理沙盘经营规则

思考：对于各个岗位来说，你要掌握以下哪些经营规则呢？

一、厂房购买、租赁与出售

对于物理沙盘而言，有大、小两个厂房可供选择。购买，是一次性付款；租赁，每年都要付款。有关各厂房购买、租赁、出售的相关信息如下表所示：

厂房	买价	租金	售价	容量
大厂房	40M	5M/年	40M（4Q）	6 条生产线
小厂房	30M	3M/年	30M（4Q）	4 条生产线

厂房可随时按购买价值出售，出售厂房计入 4Q 应收款，购买后将购买价放在厂房价

值处，厂房不计算折旧。

二、生产线购买、转产与维护、出售

不同类型生产线的主要区别在于生产效率和灵活性不同。生产效率是指单位时间生产产品的数量；灵活性是指转产生产新产品时设备调整的难易性。

生产线	购买价格	安装周期	生产周期	转产周期	转产费用	维护费用	出售残值
手工线	5M	无	3Q	无	无	1M/年	1M
半自动	10M	2Q	2Q	1Q	1M	1M/年	2M
全自动	15M	3Q	1Q	1Q	2M	1M/年	3M
柔性线	20M	4Q	1Q	无	无	1M/年	4M

注意：所有设备的可使用年限均为 4 年，4 年折旧计提完成后，可继续使用，不再计提折旧，待设备出售时按残值出售。

生产线	建好第 1 年	建好第 2 年	建好第 3 年	建好第 4 年	建好第 5 年
手工线	0M	1M	1M	1M	1M
半自动	0M	2M	2M	2M	2M
全自动	0M	3M	3M	3M	3M
柔性线	0M	4M	4M	4M	4M

折旧，可以采用平均年限法，即折旧＝（原值－残值）/使用年限；或者三分之一剩余净值法，即折旧＝生产线净值/3＝（原值－折旧）/3；当生产线净值小于 3M 时，每年提 1M 折旧。当净值等于残值时，不再折旧。**此处，采用平均年限法。**

注意：折旧的金额，为生产线价值额度的降低，不是指的财务手里的现金。

三、产品研发

企业目前具有 P1 产品的生产资格。通过市场调研发现，P2、P3、P4 产品将会有大量的市场需求，价格较高，所以要想涉足这些产品市场，需要进行开发。产品技术含量不同，研发时间和研发费用的投入也会相应的有所区别。在企业模拟经营中，产品的研发投资，一季度一次。

产品	P2	P3	P4
研发时间	4Q	6Q	6Q
每季投资	1M/Q	1M/Q	2M/Q
研发费用	4M	6M	12M

四、产品生产与原材料采购

产品研发完成后，可以按照客户要求安排生产。不同的产品，所需要用到的原料也会不同。产品 BOM 如下：

开始生产时按 BOM 要求将原料放在生产线上并支付加工费，加工费的支付为一次性的，**各条生产线生产产品的加工费均为** 1M/个。在物理盘面上操作时，先在生产线上放一个空桶，然后再放入产品所需的各种原材料，最后放入加工费。

序号	名称	图例	说明
1	P1 生产表示	P1	P1＝R1＋1M（加工费）
2	P2 生产表示	P2	P2＝R1＋R2＋1M（加工费）
3	P2 生产表示	P3	P3＝R1＋R3＋R4＋1M（加工费）
4	P2 生产表示	P4	P4＝R2＋R3＋2R4＋1M（加工费）

注意：①R1、R2 从订购到到货的时间为一个季度，所以订购必须提前一个季度下订单；

②R3、R4 从订购到到货的时间为两个季度，所以订购必须提前两个季度下订单。

根据上季度所下采购订单接受相应原料入库，并按规定付款或计入应付款用空桶表示原材料订货，将其放在相应的订单上。货物到达企业时，必须照单全收，并按规定支付原料费。

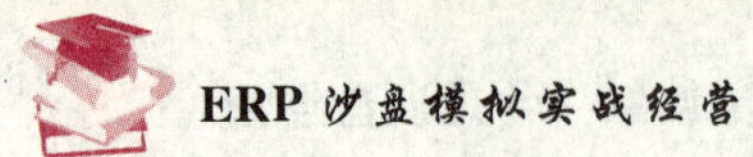

五、广告投放

产品订单的获得，需要在市场上进行广告宣传。每年都会有产品订货会，一般放在年初进行。各企业在这个产品订货会上，通过广告宣传等策略，来达到营销自己企业和产品的机会。订货会分市场召开，依次为本地市场、区域市场、国内市场、亚洲市场和国际市场。

广告是分市场、分产品投放的，投入 1M 有一次选取订单的机会，以后每多投 2M 增加一次选单机会。如：投入 7M 表示准备拿 4 张订单，但是否能有 4 次拿单的机会则取决于市场需求、竞争态势等；投入 2M 只能拿一张订单，只是比投入 1M 的企业优先选择客户订单。在竞争客户产品时，会按市场、按产品的次序登记广告费用。各个市场的产品数量是有限的，并非投放广告一定会得到定单。

广告投放格式：

组别：__________　　　　　　　　　　　　　　**第**__________**年**

市场 产品	本地	区域	国内	亚洲	国际
P1					
P2					
P3					
P4					

在产品和市场交叉的单元格中，填入投放的广告数额，即代表打算在这个市场这种产品投入多少资金进行广告宣传。

注意：广告费的多或者少，没有多少是多，多少是少；比竞争对手多，就是多，比竞争对手少就是少，这是相对的。

六、市场划分与市场准入

初始经营企业，拥有本地市场准入资格证。在企业模拟经营中，市场的认证研发投资，一年一次，一般放在年末进行。其他市场的开发费用如下表：

市场	持续时间	每年投资	开拓费用
区域	1 年	1M/年	1M
国内	2 年	1M/年	2M
亚洲	3 年	1M/年	3M
国际	4 年	1M/年	4M

七、ISO 资格认证开发

有的订单中会有 9K（代表“IS09000”，下同）或 14K（代表“ISOl4000”，下同）的

标识。如果有这些标识时，企业要想拿下这类订单，那么企业就必须拥有 9k 或者 14k 的认证，否则订单就无法拿到。在企业模拟经营中，ISO 的认证研发投资，一年一次，一般放在年末进行。

管理体系	ISO9000	ISO14000
认证时间	2 年	2 年
每年投资	1M/年	2M/年
认证费用	2M	4M

八、融资贷款与资金贴现

企业各项业务活动涉及现金收支的，要由业务部门按程序办理申请手续，符合规范的收入和支出由财务主管进行现金实际交割处理。

贷款类型	贷款时间	贷款额度	年息	还款方式
长期贷款	每年年末	长、短贷总额不超过去年所有者权益 3 倍	10%	年初付息，到期还本
短期贷款	每季度初		5%	到期一次还本、付息
高 利 贷	任何时间	与银行协商	20%	到期一次还本、付息
资金贴现	任何时间	视应收款额	1：6	变现时贴息，贴息上取整

注意：①长期贷款最长期限为 5 年，短期贷款及高利贷期限为 1 年，不足 1 年的按 1 年计息；

②长期贷款每年需还利息，短期贷款到期时还本付息；

③贷款只能是 20 的倍数；

④所谓贴现，就是把还未到期的钱提前要（取）出来，对方收取的未到期费用；

⑤资金贴现在有应收款时随时可以进行，金额是 7 的倍数，不论应收款期限长短，拿出 7M 交 1M 的贴现费。

现在，请各岗位人员考虑下，以上这些经营规则，各属于谁的工作职责呢？

4.3 物理沙盘模拟经营年

提醒：①在企业模拟经营中，每个人须主动参与到经营中；

②每个成员优先负责自己的工作；

③在完成自身的工作后，再去辅助别的岗位；

④重视团队的力量。

企业模拟经营过程，有其特定的经营流程：

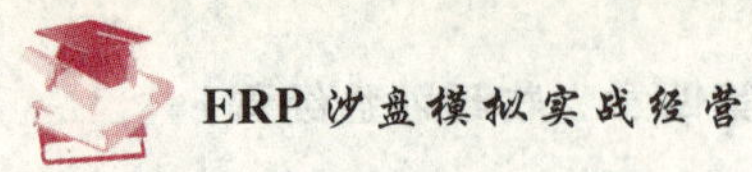

企业经营记录表

企业经营流程

请按顺序执行下列各项操作。

每执行完一项操作，请在相应的方格内打勾。

同时在方格中填写现金收支情况，收入用＋，支出用－。

年初	年初规划会议/现金盘点				
	广告投放				
	参加订货会选订单/登记订单				
	支付应付税				
	支付长贷利息				
	更新长期贷款/长期贷款还款				
	申请长期贷款				
1	季初盘点（请填余额）				
2	更新短期贷款/短期贷款还本付息				
3	申请短期贷款				
4	原材料入库/更新原料订单				
5	下原料订单				
6	购买/租用——厂房				
7	更新生产/完工入库				
8	新建/在建/转产/变卖——生产线				
9	紧急采购（随时进行）				
10	开始下一批生产				
11	更新应收款/应收款收现				
12	按订单交货				
13	产品研发投资				
14	厂房——出售（买转租）/退租/租转买				
15	支付管理费				
16	更新厂房租金				
17	出售库存				
18	厂房贴现				
19	应收款贴现				
20	季末收入合计				
21	季末支出合计				
22	季末数额对账 [（1）＋（21）＋（22）]				
年末	缴纳违约订单罚款				
	支付设备维护费				
	计提折旧				（ ）
	新市场开拓				
	ISO资格投资				
	结账				

在模拟经营过程中，按照经营步骤，请在上面流程表中做出相应的标记。标记注意事项：

①每执行完一项操作，请在相应的方格内打勾，做到经营一步，填写一个；

②有资金花费或者收入时，收入用＋（或者直接填写收入的金额数）表示，支出用－（例如－5，即投资花费5M）表示；

③四列，代表四个季度。

知识点：①所得税，如果企业经营盈利，需要按国家规定上缴税金。所得税按照弥补以前年度亏损后的余额为基数计算。

当去年权益≤股东资本时，税金＝（去年权益＋本年税前利润－股东资本）×25％（取整）

当去年权益＞股东资本时，税金＝本年税前利润×25％（取整）

②订单违约，是指在承接了客户的订单后，在年内的交货期内，不能按时交货，将承担违约责任。违约后，订单将被收回，并要缴纳违约金。

违约金＝∑（每张违约订单金额×20％）

∑为求和公式，即所有违约订单的违约金累加

一、年初经营

1. 年初规划会议/现金盘点

①总经理召开企业成员，进行年初规划会议；

②财务总监，去裁判桌领取60M（股东资本）资金，放到物理沙盘盘面上；

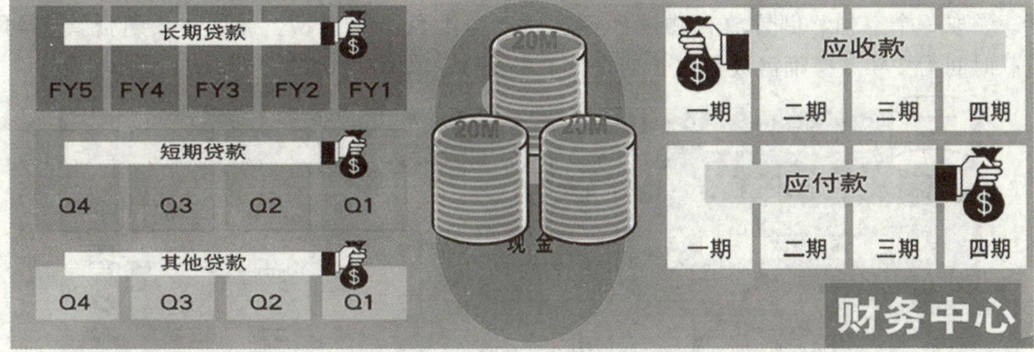

③在企业经营记录表中相应的位置，填上"60M"。

2. 广告投放

填写本年度广告花费的总额度。起始年度，无广告投放，此处填写"√"。

3. 参加订货会选订单/登记订单

根据广告投放的情况，召开产品订货会，企业进行产品订单的选择。订单选择时，要做好订单登记，填写订单登记表。

订单登记表										
订单号										合计
市场										
产品										
数量										
账期										
销售额										
成本										
毛利										
未售										

此处，没有客户需求，无订单登记，填写“√”。

4. 支付应付税

按照所得税计算方法，无应付税，填写“√”。

5. 支付长贷利息

以前无长期贷款，长贷利息无，此处填写“√”。

6. 更新长期贷款/长期贷款还款

以前无长期贷款，无长期贷款还款，此处填写“√”。

7. 申请长期贷款

根据企业经营需求，可以选择长期贷款，贷款金额为 20 的倍数，贷款年限为 1－5 年。领取一个空桶，倒置放在物理沙盘盘面上，代表长贷 20M。此处，长期贷款 20M，贷款时间为 5 年（空桶需放置在长期贷款 FY5 处），填写“20M”。

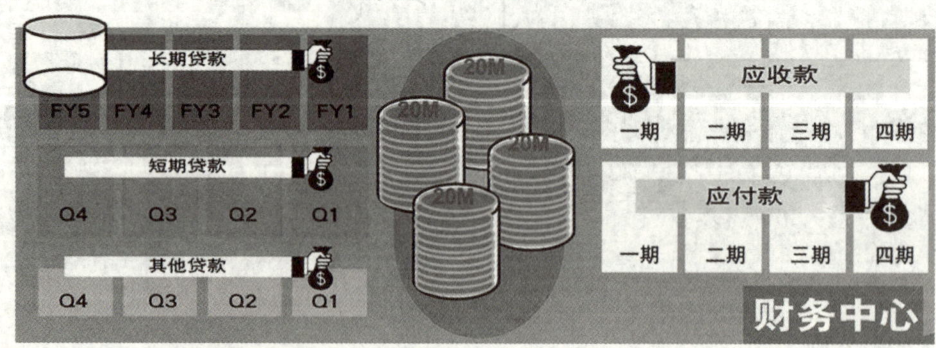

二、第 1 季度经营

1. 季初盘点（请填余额）

季初现金盘点，等于上面所有步骤的资金收支之和。计算得出为 60＋20＝80M。此处，填写“80M”。

2. 更新短期贷款/短期贷款还本付息

以前没有进行短期贷款，故不需要更新短期贷款、不用进行短期贷款还本付息。此处

填写“√”。

3. 申请短期贷款

根据企业经营需求，可以选择短期贷款，贷款金额为 20 的倍数，贷款期限为 1 年。此处，短期贷款 20M，贷款时间为 1 年，填写“20M”。领取一个空桶，倒置放在物理沙盘盘面上（**空桶需放置在短期贷款 Q4 处**）。

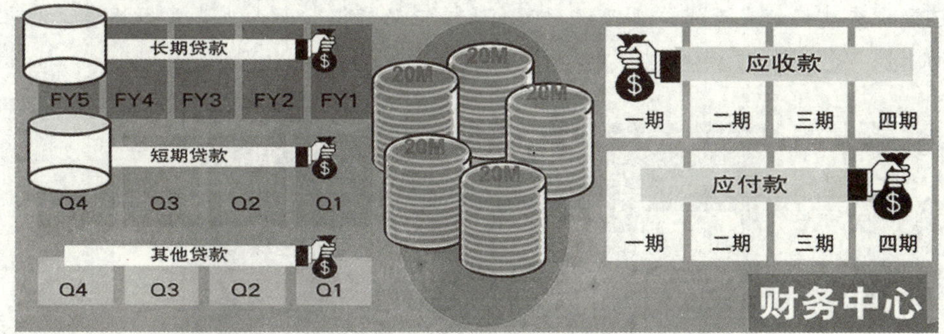

4. 原材料入库/更新原料订单

以前没有进行原材料采购活动，故不需要更新原料订单、不需要进行原料入库。此处填写“√”。

5. 下原料订单

根据企业经营状况，此处不需要进行原材料下订单，填写“√”。

6. 购买/租用——厂房

企业在经营过程中，可以选择自己建造（购买）厂房，也可以选择租用别人的厂房。

思考：购买和租用厂房，哪个更好呢？你能谈谈吗？

此处，选择购买一个小厂房，花费 30M，从财务总监处领取 30M 放到物理沙盘盘面上，同时在企业经营记录表上填写“－30M”。

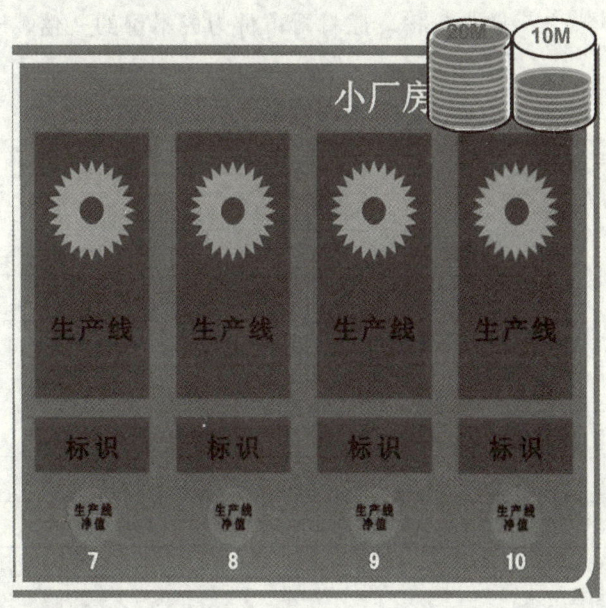

7. 更新生产/完工入库

以前没有产品生产，故不需要更新生产和完工入库。此处，填写“√”。

8. 新建/在建/转产/变卖——生产线

生产线，满足企业的生产需求的设施设备。根据企业的实际情况，可以选择手工线、半自动线、全自动线、柔性线四种类型。此处，选择建设两条半自动线，生产P1产品。生产总监从裁判处领取两条半自动生产线和两个P1产品标识，放在物理沙盘盘面相应处。和财务总监申请10M，放在生产线背面。同时，在企业经营记录表中，填写“－10M”。

注意：未建好的生产线，生产线背面向上，产品标识背面向上。费用投资，放在生产线背面上。

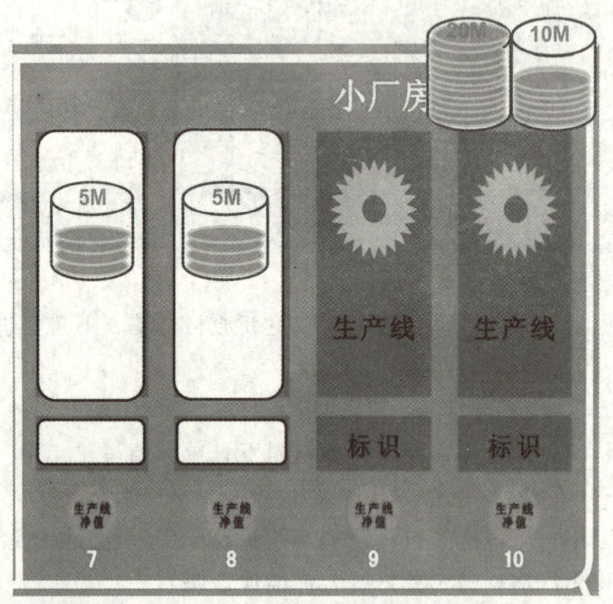

9. 紧急采购（随时进行）

紧急采购，是为了满足一些应急或者失误情况的出现而进行的采购。紧急采购，可以采购原材料和产品。紧急采购的价格，原材料单价为成本价的2倍，即2M；产品为成本价的3倍。

紧急采购价格参考表

序号	紧急采购物资	成本价	紧急采购价
1	R1	1M	2M
2	R2	1M	2M
3	R3	1M	2M
4	R4	1M	2M
5	P1	R1＋1M＝2M	6M
6	P2	R1＋R2＋1M＝3M	9M
7	P3	R1＋R3＋R4＋1M＝4M	12M
8	P4	R2＋R3＋2R4＋1M＝5M	15M

此处，不需要紧急采购，填写“√”。

10. 开始下一批生产

开始一个新的生产，在企业模拟经营中，需要满足几个条件：

①生产线是否能用？

②生产线是否处于空闲状态？

③生产的产品是否具有资格证？

④生产所需的原材料是否到位？

⑤是否有生产所需的加工费？

只有这些条件都满足了，才可以开始下一批新的生产。此处，不需要开始下一批生产，填写“√”。

11. 更新应收款/应收款收现

如果客户还欠企业的钱，更新应收款是指把应收款的所剩下的时间减去一个季度；更应收款收现，是指应收款到期了，从客户手中把钱拿过来。此处，没有更新应收款或应收款收现，填写“√”。

12. 按订单交货

如果企业手中有客户的订单还未交货，并且交货时间是当前季度的话，需要把订单和订单中规定的产品交给客户。如果不能正常交货（数量不足，客户将会一个货物也不收取）的话，将承担违约责任。此处，没有订单交货，填写“√”。

13. 产品研发投资

企业起始，拥有 P1 的生产资格，营销总监去裁判处，领取 P1 生产资格证，放到物理沙盘盘面上。

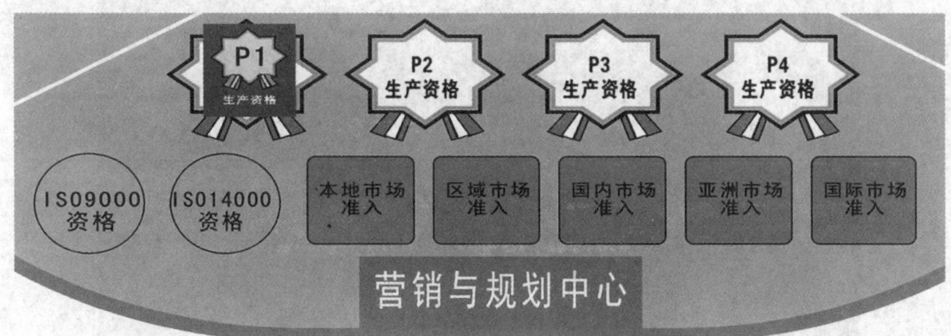

由于 P1 产品是市场中最初级的产品，考虑到企业以后的发展情况，可以研发其他的产品，研发时间和研发哪种产品，可以根据自己对市场和企业实际情况的分析而选择。此处，研发 P2 产品。营销总监在财务总监处申请 1M，放到物理沙盘盘面上。同时，在企业经营记录表中填写上“－1M”。

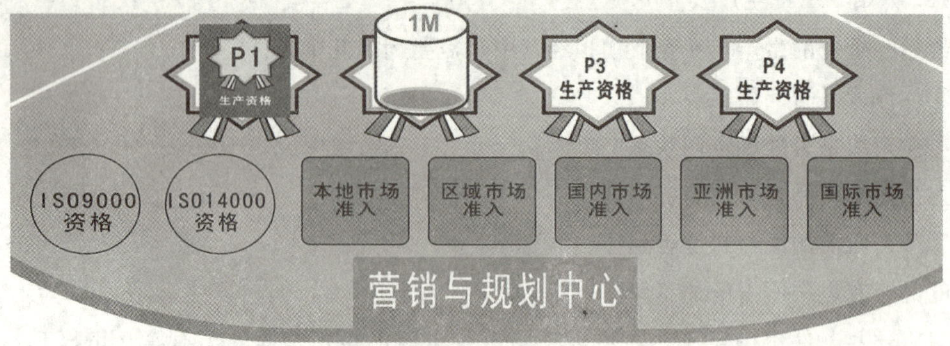

14. 厂房——出售（买转租）/退租/租转买

购买或者租赁的厂房，可以进行相应的处理，比如退租、租转买或者出售、买转租等。退租、租转买或者买转租的处理的时间正好满一年或几年的整数年时间；厂房出售，可以在购买厂房后，随时进行。此处，没有活动处理，填写“√”。

15. 支付管理费

企业模拟经营过程中，企业的管理活动需要一定费用的支持，即为管理费。管理费为1M/季度，财务总监把1M放到物理沙盘盘面上。同时，在企业经营记录表中，填写“－1M”。

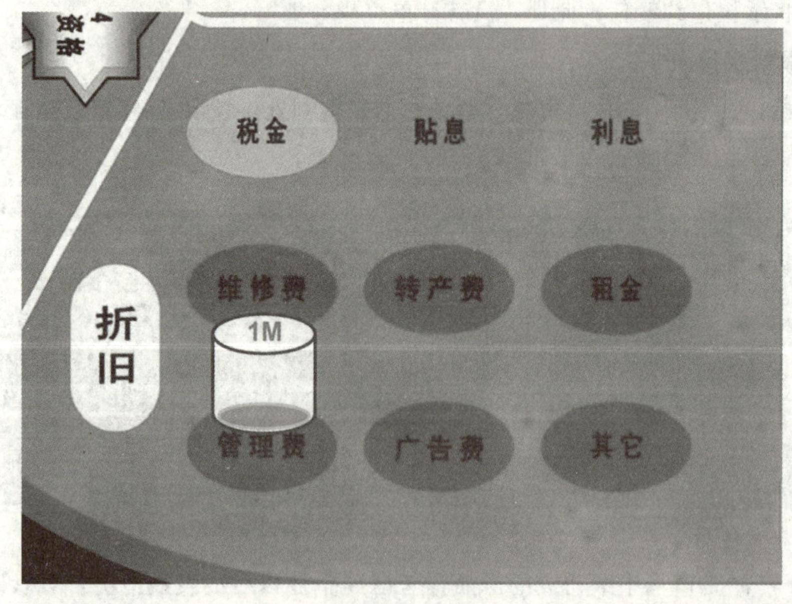

16. 更新厂房租金

厂房的租赁，一年缴纳一次费用。如果是租赁厂房，第一次租赁时，费用在上面的第6步实时扣除；在第二次及以后的厂房续租时，费用的扣除，在此第16步扣费。

此处，不需要更新厂房租金，填写“√”。

17. 出售库存

当企业手中的现金无法支持企业继续运营下去的时候，也就是说资金链将要发生断裂。这个时候，如果手头有原材料或者产品时，可以把原材料或者产品库存变卖出去，以筹得资金支持企业继续运营。

注意：原材料库存出售，价格为成本价的80%。产品库存出售，价格为成本价。出售的资金，遇到小数时取整。

此处，没有库存出售，在企业运营记录表中，填写"√"。

18. 厂房贴现

也就是厂房抵押。当企业手中的现金无法支持企业继续运营下去的时候，也就是说资金链将要发生断裂。这个时候，如果厂房是购买的，可以把厂房抵押出去，以筹得现金支持企业继续运营。

厂房贴现现金收入表

序号	厂房类型	原价	贴息	贴现现金收入
1	大厂房	40M	上取整（40/7）=6	40－6=34M
2	小厂房	30M	上取整（30/7）=5	30－5=25M

此处，没有厂房贴现，在企业运营记录表中，填写"√"。

19. 应收款贴现

对于还未到期的应收款，在需要的时候，可以提前收回，代价是需要扣除贴息。此处，没有应收款贴现，在企业运营记录表中，填写"√"。

20. 季末收入合计

本季度资金收入的合计，短贷20M的收入，在企业运营记录表中，填写"20M"。

21. 季末支出合计

本季度资金支出的合计，厂房－30M、生产线－10M、产品研发－1M、管理费－1M，共计－42M，在企业运营记录表中，填写"－42M"。

22. 季末数额对账［（1）＋（21）＋（22）］

季度末金额＝季度现金＋季末收入合计＋季末支出合计（含有支出的负号）＝80＋20－42＝58M，在企业运营记录表中，填写"58M"。

经过第1季度的企业模拟经营后，第1季度的企业运营记录表如下：

企业经营记录表

企业经营流程 请按顺序执行下列各项操作。		每执行完一项操作，请在相应的方格内打勾。 同时在方格中填写现金收支情况，收入用＋，支出用－。			
年初	年初规划会议/现金盘点	60M			
	广告投放	√			
	参加订货会选订单/登记订单	√			
	支付应付税	√			
	支付长贷利息	√			
	更新长期贷款/长期贷款还款	√			
	申请长期贷款	20M			
1	季初盘点（请填余额）	80M			
2	更新短期贷款/短期贷款还本付息	√			
3	申请短期贷款	20M			
4	原材料入库/更新原料订单	√			
5	下原料订单	√			
6	购买/租用——厂房	－30M			
7	更新生产/完工入库	√			
8	新建/在建/转产/变卖——生产线	－10M			
9	紧急采购（随时进行）	√			
10	开始下一批生产	√			
11	更新应收款/应收款收现	√			
12	按订单交货	√			
13	产品研发投资	－1M			
14	厂房——出售（买转租）/退租/租转买	√			
15	支付管理费	－1M			
16	更新厂房租金	√			
17	出售库存	√			
18	厂房贴现	√			
19	应收款贴现	√			
20	季末收入合计	20M			
21	季末支出合计	－42M			
22	季末数额对账［(1)＋(21)＋(22)］	58M			
年末	缴纳违约订单罚款				
	支付设备维护费				
	计提折旧				
	新市场开拓				
	ISO资格投资				
	结账				

三、第2季度经营

1. 季初盘点（请填余额）

季初现金盘点，等于第1季度的季末数额。此处，在企业运营记录表中，填写“58M”。

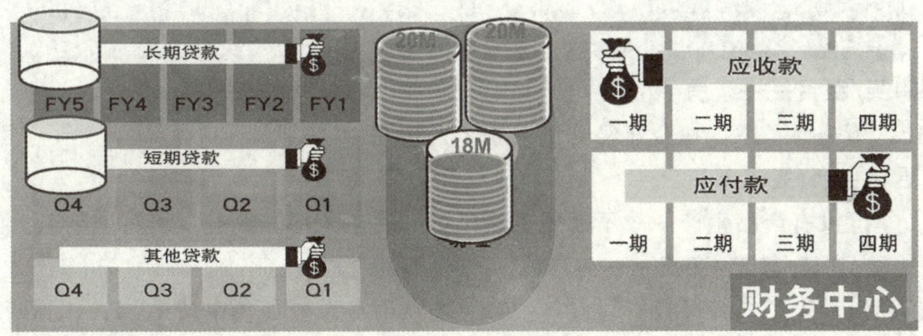

2. 更新短期贷款/短期贷款还本付息

更新短期贷款，第1季度4Q的贷款，变成3Q的贷款，即离还款还剩下3个季度（空桶移动到短期贷款的Q3处）。

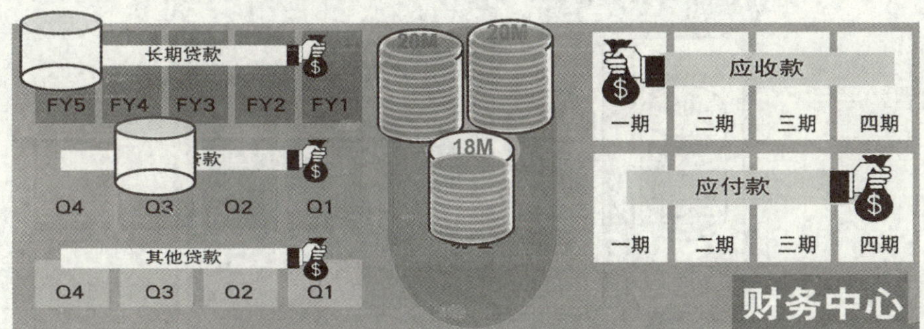

短期贷款还未到期，不用进行短期贷款还本付息。此处，在企业运营记录表中，填写“√”。

3. 申请短期贷款

是否需要贷款，除了视手头资金的多少而定外，还要看企业的经营策略。此处，不再进行新的短期贷款，在企业运营记录表中，填写“√”。

4. 原材料入库/更新原料订单

第1季度没有进行原料订单任务，故不需要更新原料订单、不需要进行原料入库。此处，在企业运营记录表中，填写“√”。

5. 下原料订单

考虑到第1季度开始安装了两条半自动生产线，半自动生产线的安装周期是两个季度，其安装完成的时间为“安装周期+1”季度，即第3个季度，将安装完成，能够用于生产。再者，两条生产线生产的是P1产品，P1产品需用用到R1原材料，而R1原材料的订购提前期为1个季度，故知，需要在第2季度下两个R1原材料的订单。

拿两个空桶（若空桶不足，可以在一张纸条写上‘2R1’）放到物理沙盘盘面上，同时，根据企业经营状况，在企业运营记录表中，填写“2R1”。

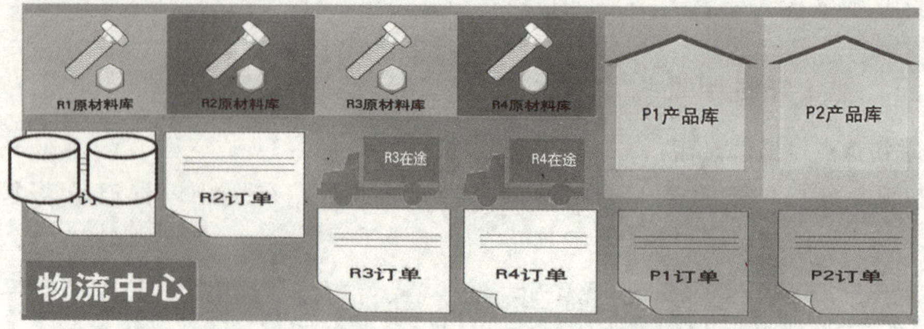

6. 购买/租用——厂房

此处，不需要考虑，在企业经营记录表上，填写“√”。

7. 更新生产/完工入库

第 1 季度没有产品生产，故不需要更新生产和完工入库。此处，填写“√”。

8. 新建/在建/转产/变卖——生产线

两条半自动生产线继续投资建设，生产总监从财务总监处再申请 10M，放到两条半自动生产线上面。同时，在企业经营记录表中，填写“－10M”。

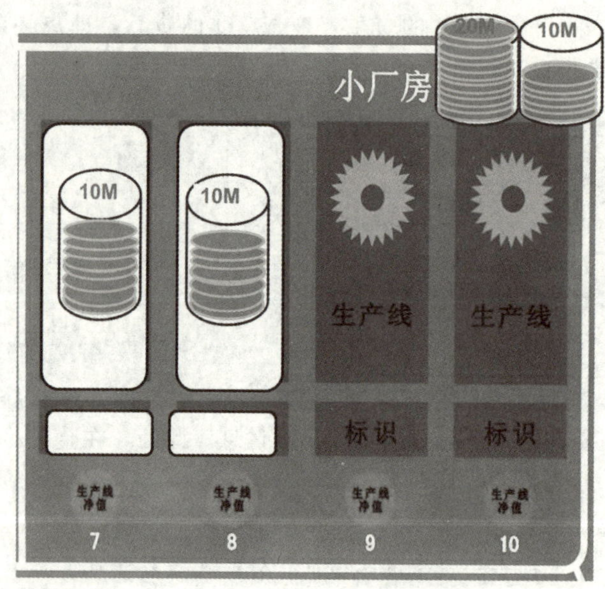

9. 紧急采购（随时进行）

此处，不需要紧急采购，填写“√”。

10. 开始下一批生产

此处，不需要开始下一批生产，填写“√”。

11. 更新应收款/应收款收现

此处，没有更新应收款或应收款收现，填写“√”。

12. 按订单交货

此处，没有订单交货，填写“√”。

13. 产品研发投资

此处，继续研发 P2 产品。营销总监在财务总监处再申请 1M，放到物理沙盘盘面上。同时，在企业经营记录表中填写上“－1M”。

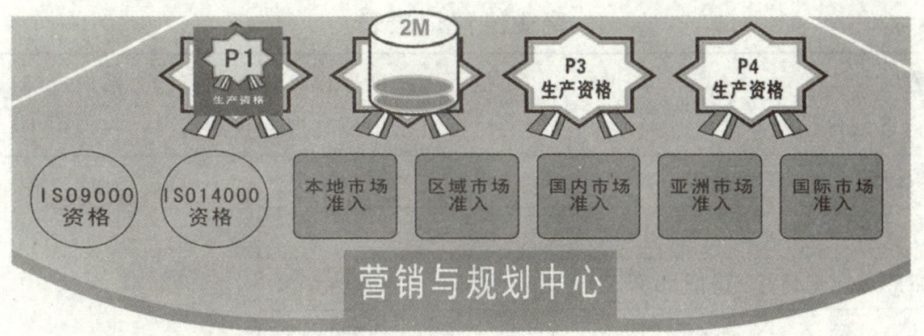

14. 厂房——出售（买转租）/退租/租转买

此处，没有活动处理，填写“√”。

15. 支付管理费

财务总监把 1M 放到物理沙盘盘面上。同时，在企业经营记录表中，填写“－1M”。

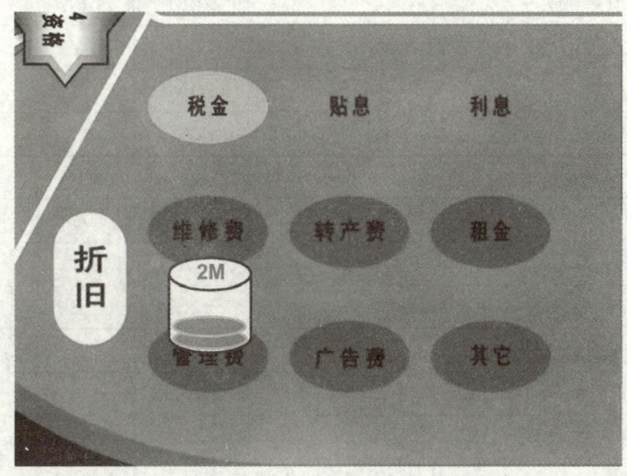

16. 更新厂房租金

此处，不需要更新厂房租金，填写“√”。

17. 出售库存

此处，没有库存出售，在企业运营记录表中，填写“√”。

18. 厂房贴现

此处，没有厂房贴现，在企业运营记录表中，填写“√”。

19. 应收款贴现

此处，没有应收款贴现，在企业运营记录表中，填写“√”。

20. 季末收入合计

本季度没有资金收入，在企业运营记录表中，填写“0”。

21. 季末支出合计

本季度资金支出的合计，生产线－10M、产品研发－1M、管理费－1M，共计－12M，在企业运营记录表中，填写“－12M”。

22. 季末数额对账［（1）＋（21）＋（22）］

季度末金额＝季度现金＋季末收入合计＋季末支出合计（含有支出的负号）＝58＋0－12＝46M，在企业运营记录表中，填写“46M”。

经过第 2 季度的企业模拟经营后，第 2 季度的企业运营记录表如下：

企业经营记录表

企业经营流程 请按顺序执行下列各项操作。		每执行完一项操作，请在相应的方格内打勾。 同时在方格中填写现金收支情况，收入用＋，支出用－。			
年初	年初规划会议/现金盘点	60M			
	广告投放	√			
	参加订货会选订单/登记订单	√			
	支付应付税	√			
	支付长贷利息	√			
	更新长期贷款/长期贷款还款	√			
	申请长期贷款	20M			
1	季初盘点（请填余额）	80M	58M		
2	更新短期贷款/短期贷款还本付息	√	√		
3	申请短期贷款	20M	√		
4	原材料入库/更新原料订单	√	√		
5	下原料订单	√	2R1		
6	购买/租用——厂房	－30M	√		
7	更新生产/完工入库	√	√		
8	新建/在建/转产/变卖——生产线	－10M	－10M		
9	紧急采购（随时进行）	√	√		
10	开始下一批生产	√	√		
11	更新应收款/应收款收现	√	√		
12	按订单交货	√	√		
13	产品研发投资	－1M	－1M		
14	厂房——出售（买转租）/退租/租转买	√	√		
15	支付管理费	－1M	－1M		
16	更新厂房租金	√	√		
17	出售库存	√	√		
18	厂房贴现	√	√		
19	应收款贴现	√	√		
20	季末收入合计	20M	0		
21	季末支出合计	－42M	－12M		
22	季末数额对账［（1）＋（21）＋（22）］	58M	46M		
年末	缴纳违约订单罚款				
	支付设备维护费				
	计提折旧				
	新市场开拓				
	ISO 资格投资				
	结账				

四、第3季度经营

1. 季初盘点（请填余额）

季初现金盘点，等于第2季度的季末数额。此处，在企业运营记录表中，填写“46M”。

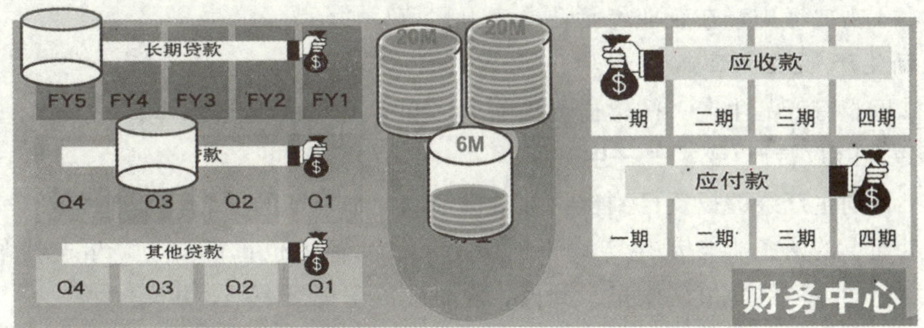

2. 更新短期贷款/短期贷款还本付息

更新短期贷款，第2季度还剩3Q的贷款，变成2Q的贷款，即离还款还剩下2个季度（空桶移动到短期贷款的Q2处）。

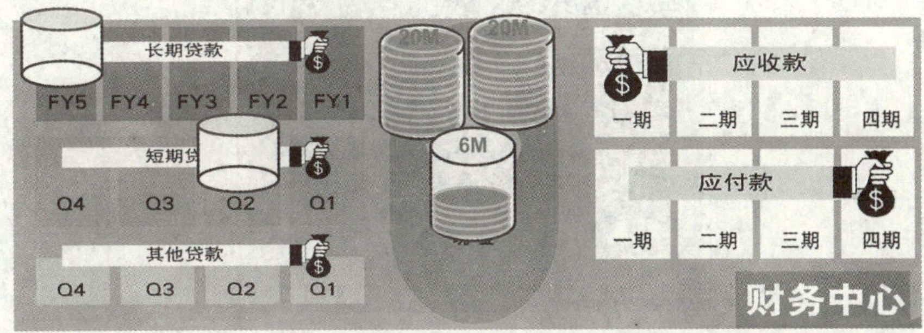

短期贷款还未到期，不用进行短期贷款还本付息。此处，在企业运营记录表中，填写“√”。

3. 申请短期贷款

是否需要贷款，除了视手头资金的多少而定外，还要看企业的经营策略。此处，不再进行新的短期贷款，在企业运营记录表中，填写“√”。

4. 原材料入库/更新原料订单

经过1个季度的订购周期，第2季度所下的2R1的原材料到货，需要办理入库手续。采购总监和财务总监申请2M，来裁判处交付2M并领回2个R1原材料。把原材料放到物理沙盘盘面上。此处，在企业运营记录表中，填写“－2M”。

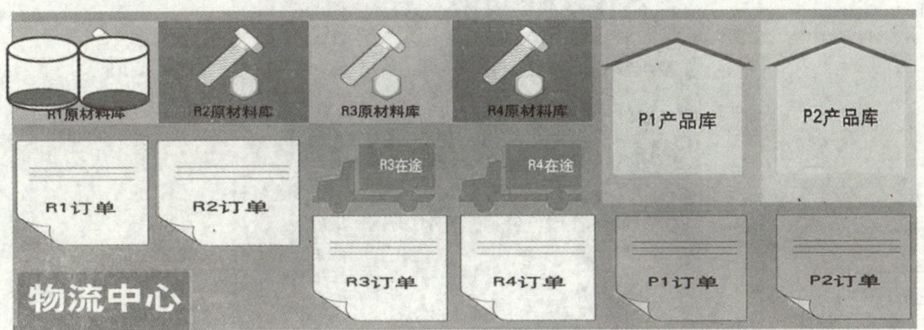

5. 下原料订单

两条半自动生产线第 3 个季度将能够开始生产 P1 产品，而半自动生产线的生产周期为 2 个季度，将在第 2 年的第 1 季度完成生产。故第 3 季度不需要下 P1 产品的 R1 原料订单，第 4 季度再下订单即可。故知，此处在企业运营记录表中，填写“√”。

6. 购买/租用——厂房

此处，不需要考虑，在企业经营记录表上，填写“√”。

7. 更新生产/完工入库

第 2 季度没有产品生产，故不需要更新生产和完工入库。此处，填写“√”。

8. 新建/在建/转产/变卖——生产线

两条半自动生产线的投资已到位，并且已经满两个季度的安装，生产线安装完毕。把物理沙盘盘面上的两条半自动生产线正面向上，产品标志也正面向上，生产线的投资费用，放到绿色的生产线净值圆圈里。此处，在企业经营记录表中，填写“√”。

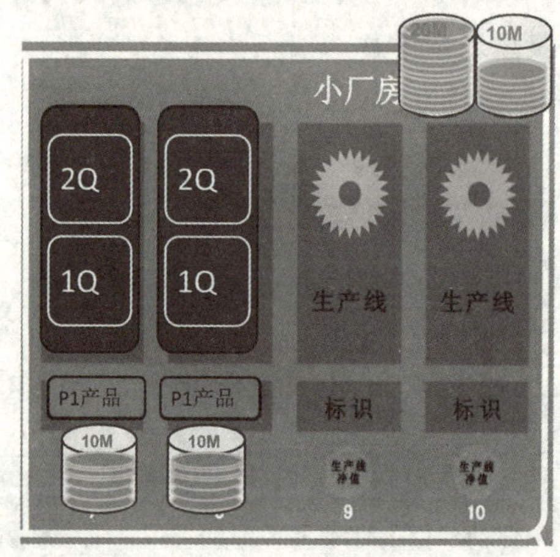

9. 紧急采购（随时进行）

此处，不需要紧急采购，填写“√”。

10. 开始下一批生产

开始新生产的 5 个条件，已经满足，两条半自动线开始生产 P1。分别放一个空桶在半自动生产线的“1”处，把两个原材料 R1 分别放入空桶，财务总监再分别放入 1M 的加工费，这样，就开始了生产 P1。此处，在企业经营记录表中，填写“－2M”。

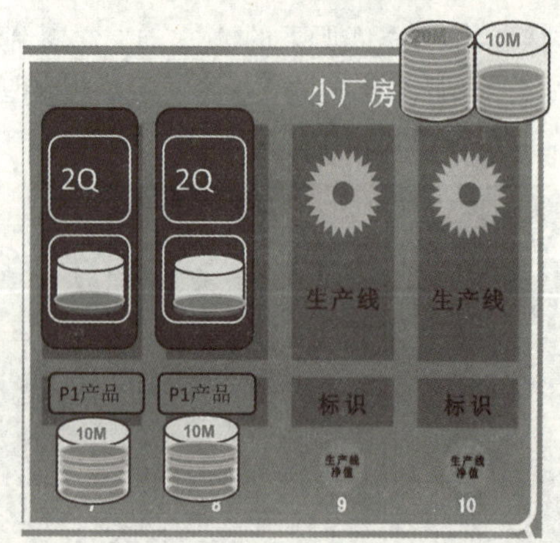

11. 更新应收款/应收款收现

此处，没有更新应收款或应收款收现，填写“√”。

12. 按订单交货

此处，没有订单交货，填写“√”。

13. 产品研发投资

此处，继续研发 P2 产品。营销总监在财务总监处再申请 1M，放到物理沙盘盘面上。同时，在企业经营记录表中填写上“－1M”。

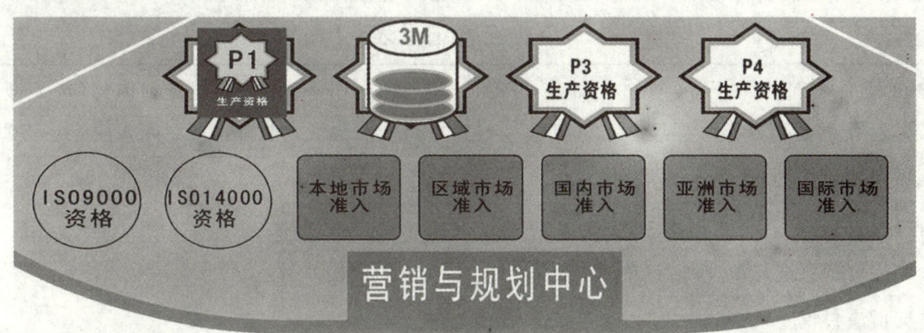

14. 厂房——出售（买转租）/退租/租转买

此处，没有活动处理，填写“√”。

15. 支付管理费

财务总监把 1M 放到物理沙盘盘面上。同时，在企业经营记录表中，填写“－1M”。

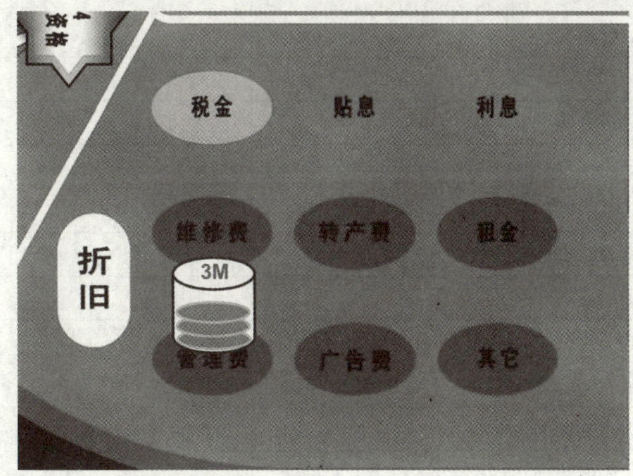

16. 更新厂房租金

此处，不需要更新厂房租金，填写“√”。

17. 出售库存

此处，没有库存出售，在企业运营记录表中，填写“√”。

18. 厂房贴现

此处，没有厂房贴现，在企业运营记录表中，填写“√”。

19. 应收款贴现

此处，没有应收款贴现，在企业运营记录表中，填写“√”。

20. 季末收入合计

本季度没有资金收入，在企业运营记录表中，填写“0”。

21. 季末支出合计

本季度资金支出的合计，原材料入库－2M、开始下一批生产－2M、产品研发－1M、管理费－1M，共计－6M，在企业运营记录表中，填写“－6M”。

22. 季末数额对账［（1）＋（21）＋（22）］

季度末金额＝季度现金＋季末收入合计＋季末支出合计（含有支出的负号）＝46＋0－6＝40M，在企业运营记录表中，填写“40M”。

经过第 3 季度的企业模拟经营后，第 3 季度的企业运营记录表如下：

企业经营记录表

企业经营流程 请按顺序执行下列各项操作。		每执行完一项操作，请在相应的方格内打勾。 同时在方格中填写现金收支情况，收入用＋，支出用－。			
年初	年初规划会议/现金盘点	60M			
	广告投放	√			
	参加订货会选订单/登记订单	√			
	支付应付税	√			
	支付长贷利息	√			
	更新长期贷款/长期贷款还款	√			
	申请长期贷款	20M			
1	季初盘点（请填余额）	80M	58M	46M	
2	更新短期贷款/短期贷款还本付息	20M	√	√	
3	申请短期贷款	√	√	√	
4	原材料入库/更新原料订单	√	√	－2M	
5	下原料订单	√	2R1	√	
6	购买/租用——厂房	－30M	√	√	
7	更新生产/完工入库	√	√	√	
8	新建/在建/转产/变卖——生产线	－10M	－10M	√	
9	紧急采购（随时进行）	√	√	√	
10	开始下一批生产	√	√	－2M	
11	更新应收款/应收款收现	√	√	√	
12	按订单交货	√	√	√	
13	产品研发投资	－1M	－1M	－1M	
14	厂房——出售（买转租）/退租/租转买	√	√	√	
15	支付管理费	－1M	－1M	－1M	
16	更新厂房租金	√	√	√	
17	出售库存	√	√	√	
18	厂房贴现	√	√	√	
19	应收款贴现	√	√	√	
20	季末收入合计	20M	0	0	
21	季末支出合计	－42M	－12M	－6M	

22	季末数额对账［(1)＋(21)＋(22)］	58M	46M	40M	
年末	缴纳违约订单罚款				
	支付设备维护费				
	计提折旧				
	新市场开拓				
	ISO 资格投资				
	结账				

五、第 4 季度经营

1. 季初盘点（请填余额）

季初现金盘点，等于第 3 季度的季末数额。此处，在企业运营记录表中，填写“40M”。

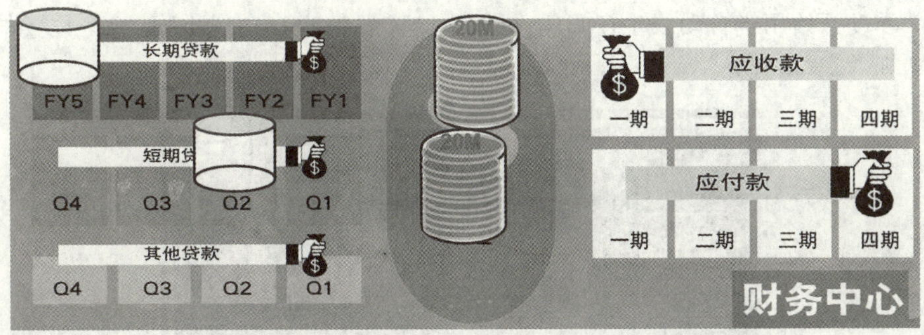

2. 更新短期贷款/短期贷款还本付息

更新短期贷款，第 3 季度还剩 2Q 的贷款，变成 1Q 的贷款，即离还款还剩下 1 个季度（空桶移动到短期贷款的 Q1 处）。

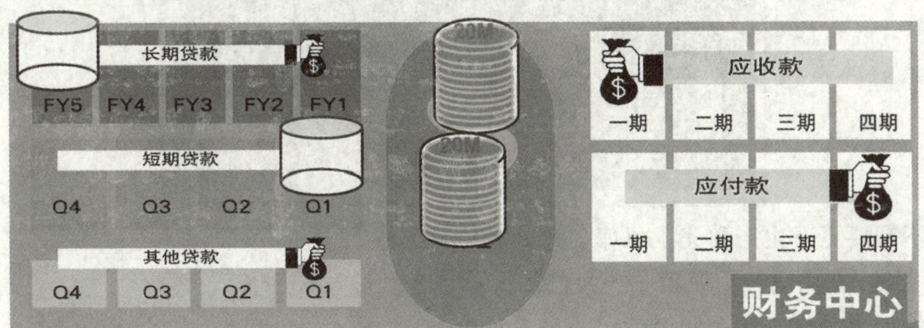

短期贷款还未到期，不用进行短期贷款还本付息。此处，在企业运营记录表中，填写“√”。

3. 申请短期贷款

是否需要贷款，除了视手头资金的多少而定外，还要看企业的经营策略。此处，不再进行新的短期贷款，在企业运营记录表中，填写“√”。

4. 原材料入库/更新原料订单

第 3 季度无原料订单，故此处，在企业运营记录表中，填写“√”。

5. 下原料订单

拿两个空桶（若空桶不足，可以在一张纸条写上‘2R1’）放到物理沙盘盘面上，同时，根据企业经营状况，在企业运营记录表中，填写“2R1”。

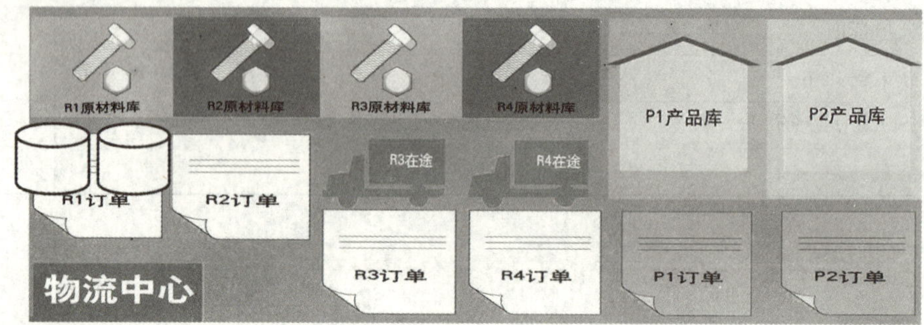

6. 购买/租用——厂房

此处，不需要考虑，在企业经营记录表上，填写“√”。

7. 更新生产/完工入库

第 3 季度开始用半自动线生产 P1，更新生产需要把半自动线上面“1”位置的 P1 在制品移动到“2”位置处。

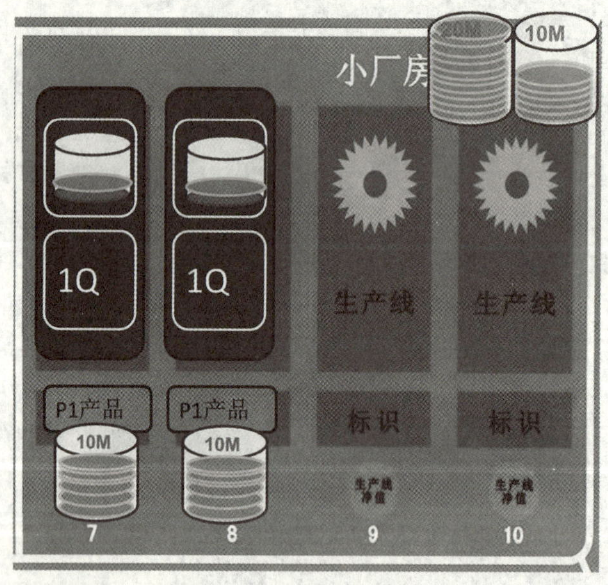

故不需要更新生产和完工入库。此处，填写“√”。

8. 新建/在建/转产/变卖——生产线

此处，无操作，在企业经营记录表中，填写“√”。

9. 紧急采购（随时进行）

此处，不需要紧急采购，填写“√”。

10. 开始下一批生产

此处，不需要开始新的生产，在企业经营记录表中，填写“√”。

11. 更新应收款/应收款收现

此处，没有更新应收款或应收款收现，填写“√”。

12. 按订单交货

此处，没有订单交货，填写“√”。

13. 产品研发投资

此处，继续研发 P2 产品。营销总监在财务总监处再申请 1M，放到物理沙盘盘面上。同时，在企业经营记录表中填写上“－1M”。

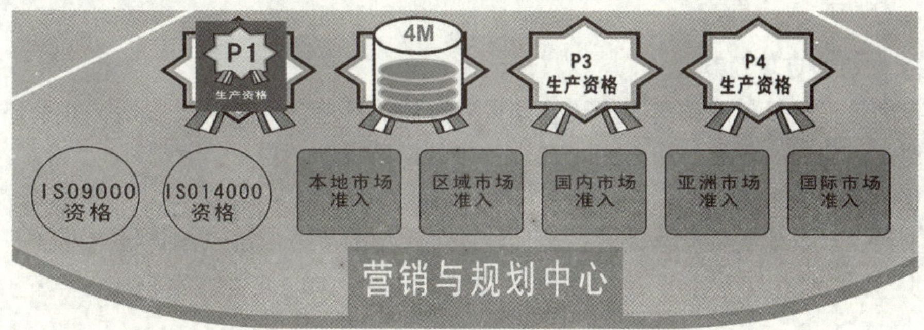

14. 厂房——出售（买转租）/退租/租转买

此处，没有活动处理，填写“√”。

15. 支付管理费

财务总监把 1M 放到物理沙盘盘面上。同时，在企业经营记录表中，填写“－1M”。

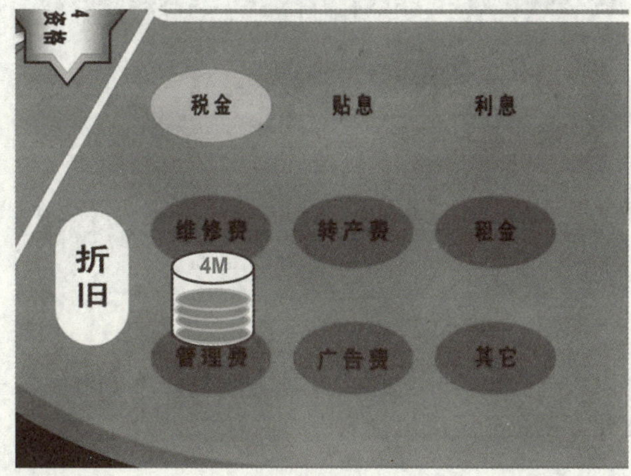

16. 更新厂房租金

此处，不需要更新厂房租金，填写“√”。

17. 出售库存

此处，没有库存出售，在企业运营记录表中，填写“√”。

18. 厂房贴现

此处，没有厂房贴现，在企业运营记录表中，填写“√”。

19. 应收款贴现

此处，没有应收款贴现，在企业运营记录表中，填写“√”。

20. 季末收入合计

本季度没有资金收入，在企业运营记录表中，填写“0”。

21. 季末支出合计

本季度资金支出的合计，产品研发－1M、管理费－1M，共计－2M，在企业运营记录表中，填写“－2M”。

22. 季末数额对账［(1)＋(21)＋(22)］

季度末金额＝季度现金＋季末收入合计＋季末支出合计（含有支出的负号）＝40＋0－2＝38M，在企业运营记录表中，填写“38M”。

六、年末经营

1. 缴纳违约订单罚款

本年度是否有订单违约情况出现，如果有违约的订单，订单将被收回，并且还要缴纳订单违约金。此处，没有订单违约，在企业运营记录表中，填写“√”。

2. 支付设备维护费

手工线、半自动线、全自动线、柔性线四种类型的生产线，其维修费（维护费）都会每年 1M。本年度有两条半自动生产线，其维修费为 2M，此处，在企业运营记录表中，填写“－2M”。

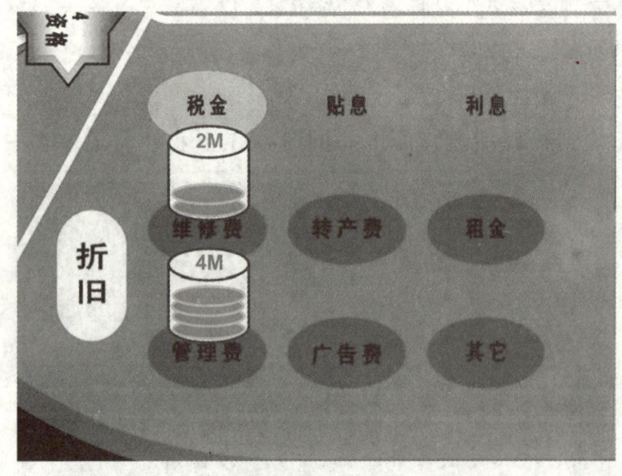

3. 计提折旧

生产线从从建好生产线的第二年开始，并且生产线的折旧折的是生产线净值的价值，不是手头的现金。此处，在企业运营记录表中，填写“√”。

4. 新市场开拓

市场拥有本地的市场资格，其他所有的市场，都需要进行市场开拓。此处，把区域、国内、亚洲、国际市场都进行开拓。把资金和空桶，放到物理沙盘盘面上。

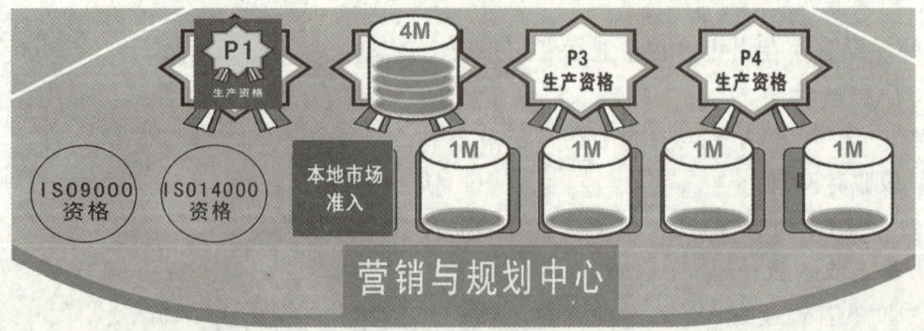

此处，在企业运营记录表中，填写“－4M”。

5. ISO 资格投资

ISO 国际体系认证，是在不同的时期，客户对合作企业的要求。若无此类认证，产品

在一些市场将无法和客户进行合作。此处，企业经营首先投资 1M 对 ISO9000 开始认证。

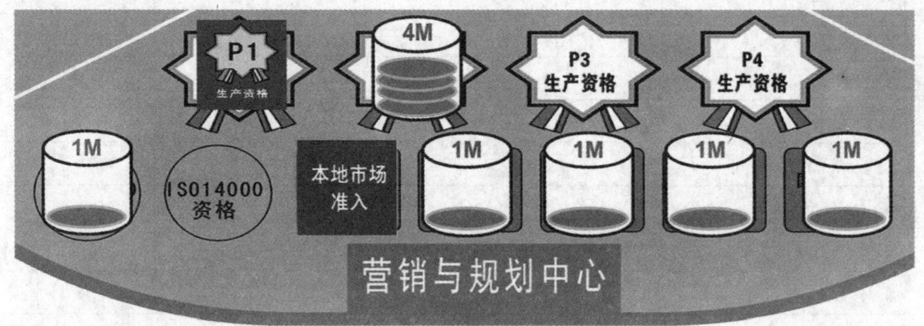

此处，在企业运营记录表中，填写“－1M”。

6. 结账

所有资金的年末结账＝第 4 季度季末数额－维修费－市场开拓费－ISO 认证费＝38－2－4－1＝31M

企业模拟经营年的整个企业运营记录表如下：

企业经营记录表

企业经营流程 请按顺序执行下列各项操作。		每执行完一项操作，请在相应的方格内打勾。 同时在方格中填写现金收支情况，收入用＋，支出用－。			
年初	年初规划会议/现金盘点	60M			
	广告投放	√			
	参加订货会选订单/登记订单	√			
	支付应付税	√			
	支付长贷利息	√			
	更新长期贷款/长期贷款还款	√			
	申请长期贷款	20M			
1	季初盘点（请填余额）	80M	58M	46M	40M
2	更新短期贷款/短期贷款还本付息	20M	√	√	√
3	申请短期贷款	√	√	√	√
4	原材料入库/更新原料订单	√	√	－2M	√
5	下原料订单	√	2R1	√	2R1
6	购买/租用——厂房	－30M	√	√	√
7	更新生产/完工入库	√	√	√	√
8	新建/在建/转产/变卖——生产线	－10M	－10M	√	√
9	紧急采购（随时进行）	√	√	√	√
10	开始下一批生产	√	√	－2M	√
11	更新应收款/应收款收现	√	√	√	√
12	按订单交货	√	√	√	√
13	产品研发投资	－1M	－1M	－1M	－1M
14	厂房——出售（买转租）/退租/租转买	√	√	√	√

15	支付管理费	－1M	－1M	－1M	－1M
16	更新厂房租金	√	√	√	√
17	出售库存	√	√	√	√
18	厂房贴现	√	√	√	√
19	应收款贴现	√	√	√	√
20	季末收入合计	20M	0	0	0
21	季末支出合计	－42M	－12M	－6M	－2M
22	季末数额对账［（1）＋（21）＋（22）］	58M	46M	40M	38M
年末	缴纳违约订单罚款				√
	支付设备维护费				－2M
	计提折旧				（0）
	新市场开拓				－4M
	ISO 资格投资				－1M
	结账				31M

六、财务报表填制

企业模拟经营完毕后，最后需要把综合管理费用明细表、利润表、资产负债表等 3 个表格填制完毕。这三个表格，统称为企业模拟经营的财务报表。

1. 综合管理费用明细表

用于记录企业日常运营过程中发生的各项费用。对于市场准入开拓、ISO 资格认证和产品研发不仅要记录本年投入的总金额，还要在备注栏中说明明细。市场准入开拓、ISO 资格认证在备注栏中相关项目上打勾确认；产品研发在对应项目后的括号中填写实际投入金额。

项目	金额	解释
管理费		四个季度的行政管理费之和
广告费		当年年初接单时所投放广告钱数
维修费		所有安装完毕的机器设备的维修费用之和
租　金		所有厂房的租金之和
转产费		转产的总花费，若无转产，则为 0
市场准入		五个市场研发投放的总钱数
ISO 资格认证		ISO9000 和 ISO14000 所投研发总钱数
产品研发		产品研发投放的总钱数
其　他/损失		包含项目： 1. 违约金 2. 紧急采购原材料或产品时，多花的钱 3. 变卖生产线时，生产线净值－残值 4. 出售原材料时，扣掉的钱数 5. 破产注资（例：注资 40，此处写－40）
合　计		以上所有之和

项目	金额	备注
管理费	4	
广告费	0	
维修费	2	
租　金	0	
转产费	0	
市场准入	4	√区域 √国内 √亚洲 √国际
ISO 资格认证	1	√ ISO9000 □1SO14000
产品研发	4	P2（4） P3（ ） P4（ ）
其　他	0	
合　计	15	

2. 利润表/损益表

利润表，是反映企业一定会计期间（如月度、季度、半年度或年度）生产经营成果的会计报表。企业一定会计期间的经营成果既可能表现为盈利，也可能表现为亏损，因此，利润表也被称为损益表。它全面揭示了企业在某一特定时期实现的各种收入、发生的各种费用、成本或支出，以及企业实现的利润或发生的亏损情况。

利润表是根据“收入—费用＝利润”的基本关系来编制的，其具体内容取决于收入、费用、利润等会计要素及其内容，利润表项目是收入、费用和利润要素内容的具体体现。从反映企业经营资金运动的角度看，它是一种反映企业经营资金动态表现的报表，主要提供有关企业经营成果方面的信息，属于动态会计报表。

项目	收/支	解释
销售收入	＋	销售额（销售的总额度，包含到账或未到账的钱）
直接成本	－	卖出产品的成本（原材料和加工费之和）
毛利	＝	销售收入－直接成本
综合费用	－	综合管理费用表中的“合计”
折旧前利润	＝	毛利－综合费用
折旧	－	生产线折旧金额
支付利息前利润	＝	折旧前利润－折旧
财务支出	－	利息、贴息
税前利润	＝	支付利息前利润－财务支出
所得税	－	税金计算公式
净利润	＝	税前利润－所得税

所得税计算小窍门：

①如果税前利润小于0，所得税为0。

②如果税前利润大于0时：

如果去年权益≤股东资本，所得税＝（去年权益＋税前利润－股东资本）×25%（取整）

如果去年权益＞股东资本，所得税＝税前利润×25%（取整）

项目	收/支	金额
销售收入	+	0
直接成本	—	0
毛利	=	0
综合费用	—	15
折旧前利润	=	—15
折旧	—	0
支付利息前利润	=	—15
财务支出	—	0
税前利润	=	—15
所得税	—	0
净利润	=	—15

3. 资产负债表

资产负债表是反映企业在某一特定日期（如月末、季末、年末）全部资产、负债和所有者权益情况的会计报表，是企业经营活动的静态体现，根据“资产＝负债＋所有者权益”这一平衡公式，依照一定的分类标准和一定的次序，将某一特定日期的资产、负债、所有者权益的具体项目予以适当的排列编制而成。它表明在某一特定日期所拥有或控制的经济资源、所承担的现有义务和所有者对净资产的要求权。它是一张揭示企业在一定时点财务状况的静态报表。资产负债表利用会计平衡原则，将合乎会计原则的资产、负债、股东权益”交易科目分为“资产”和“负债及股东权益”两大区块，在经过分录、转账、分类账、试算、调整等等会计程序后，以特定日期的静态企业情况为基准，浓缩成一张报表。其报表功用除了企业内部除错、经营方向、防止弊端外，也可让所有阅读者于最短时间了解企业经营状况。

项目	解释	项目	解释
现金	年末剩余现金	长期负债	长期贷款
应收款	年末时应收款额	短期负债	短期贷款
在制品	年末时正在制造的产品成本价	应交所得税	利润表中所得税
产成品	年末产品库中产品成本价	——	
原材料	年末原料库中成本	——	
流动资产合计	上面之和	**负债合计**	上面之和
厂房	拥有的厂房	股东资本	股东投资
生产线	建好的生产线净值	利润留存	以前所有年净利润之和
在建工程	未建好生产线所投钱	年度净利	本年净利润
固定资产合计	上面之和	**所有者权益合计**	上面三者之和
资产总计	固定＋流动	**负债和所有者权益总计**	负债＋所有者权益

项目	金额	项目	金额
现金	31	长期负债	20
应收款	0	短期负债	20
在制品	4	应交所得税	0
产成品	0	——	——
原材料	0	——	——
流动资产合计	35	**负债合计**	40
厂房	30	股东资本	60
生产线	20	利润留存	0
在建工程	0	年度净利	−15
固定资产合计	50	**所有者权益合计**	45
资产总计	85	**负债和所有者权益总计**	85

注意：①对于资产负债表而言，如果表格中的最后一行“资产总计≠负债和所有者权益总计”时，则表示资产负债表制作错误，需要检查、修改，重新去做。

②综合管理费用明细表→利润表/损益表→资产负债表，是层层递进、嵌套的，前面为后面的基础。前面不正确，后面也会跟着出错。

对于企业模拟经营而言，财务报表的制作，不但能够让你学到相应的财务、会计知识，还能锻炼你的一些能力。

你认为，能让自己哪些方面得到锻炼呢？请在下面写出来：

____

____

____

____

____

____

____

____

一定要亲自动手写出来哦！

训练：①请把盘面上所有的用具全部清理、归位。

②每个人按照企业模拟经营年的企业经营流程，自己逐个步骤的摆一遍物理盘面，熟悉企业模拟经营整个过程。

③一个人摆时，其他人监督、辅助！

4.4 物理沙盘正式经营

经过上面部分的模拟经营，我们对 ERP 沙盘的物理沙盘模拟经营有了全面的认识和了解。接下来，企业的各位总监们，要开始正式上岗，你们要开始正式经营你们自己的企业了哦！

一、企业经营市场环境说明

所有的企业经营团队，面对着同样的市场环境，都可以接洽本地、区域、国内、亚洲、国际市场中的所有客户，都可以把客户所需的 P1、P2、P3、P4 产品销售给客户。

在 ERP 沙盘企业模拟经营中，市场环境的提供是由一家咨询公司免费提供的信息，信息以一份“市场预测表”的形式反映出来。每个企业，都可以免费查看这张市场预测表。经过对市场预测表的分析，企业就可以选择适合自己企业的经营策略去进行企业经营了。在市场预测中要包括近几年关于行业产品市场的预测资料，包括各市场、各产品的总需求量、价格情况、客户关于技术及产品的质量要求等。

市场预测图中，表示了各个年度各个市场中 P 系列产品的预测资料，由左边的柱形图和右边的折线图构成。柱形图中的横坐标代表年，纵坐标上标注的数字代表产品数量，各产品下柱形的高度代表该产品某年的市场预测需求总量。折线图中的横坐标表示年，纵坐标表示价格。以下的市场预测，为 8 组企业的市场预测图示。

1. 本地市场

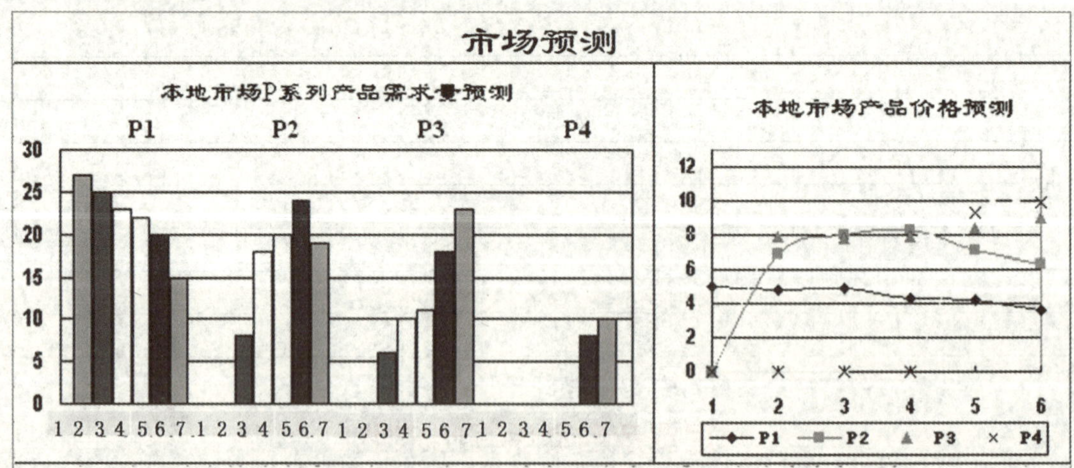

本地市场将会持续发展，对低端产品的需求可能要下滑，伴随着需求的减少，低端产品的价格很有可能走低。后几年，随着高端产品的成熟，市场对P3、P4产品的需求将会逐渐增大。由于客户对质量意识的不断提高，后几年可能对产品的ISO9000和ISO14000认证有更多的需求。

2. 区域市场

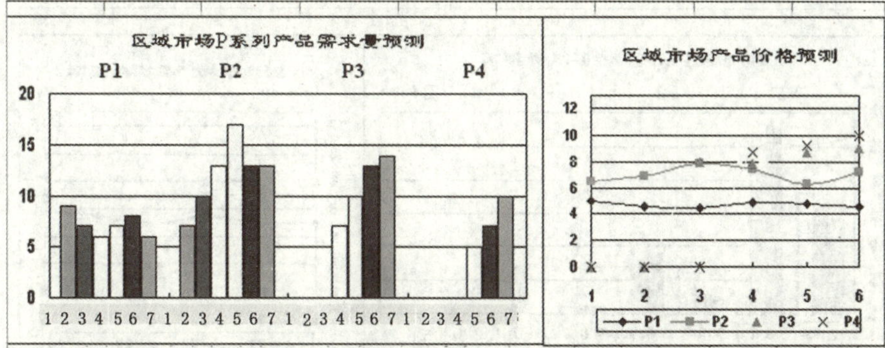

区域市场的客户相对稳定，对P系列产品需求的变化很有可能比较平稳。因紧邻本地市场，所以产品需求量的走势可能与本地市场相似，价格趋势也应大致一样。该市场容量有限，对高端产品的需求也可能相对较小，但客户会对产品的ISO9000和ISO14000认证有较高的要求。

3. 国内市场

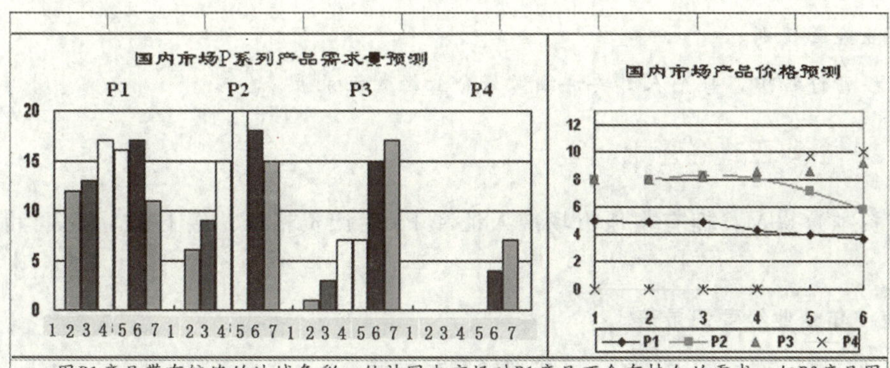

因P1产品带有较浓的地域色彩，估计国内市场对P1产品不会有持久的需求。但P2产品因更适合于国内市场，估计需求一直比较平稳。随着对P系列产品的逐渐认同，估计对P3产品的需求会发展较快。但对P4产品的的需求就不一定象P3产品那样旺盛了。当然，对高价值的产品来说，客户一定会更注重产品的质量认证。

4. 亚洲市场

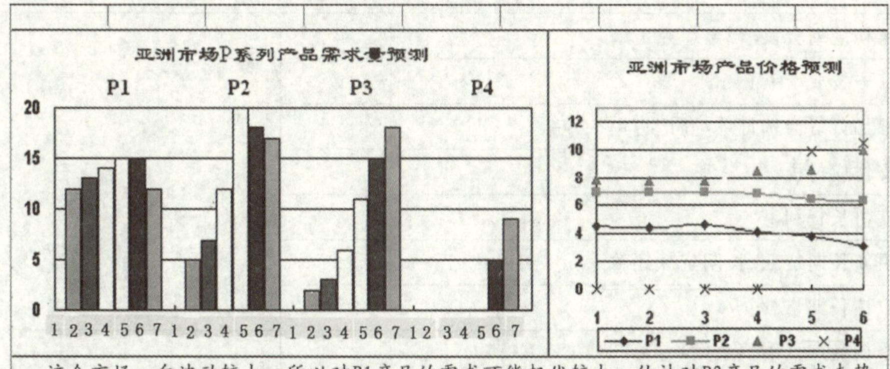

这个市场一向波动较大，所以对P1产品的需求可能起伏较大，估计对P2产品的需求走势与P1相似。但该市场对新产品很敏感，因此估计对P3、P4产品的需求量会发展较快，价格也可能不菲。另外，这个市场的消费者很看中产品的质量，所以没有ISO9000和ISO14000认证的产品可能很难销售。

5. 国际市场

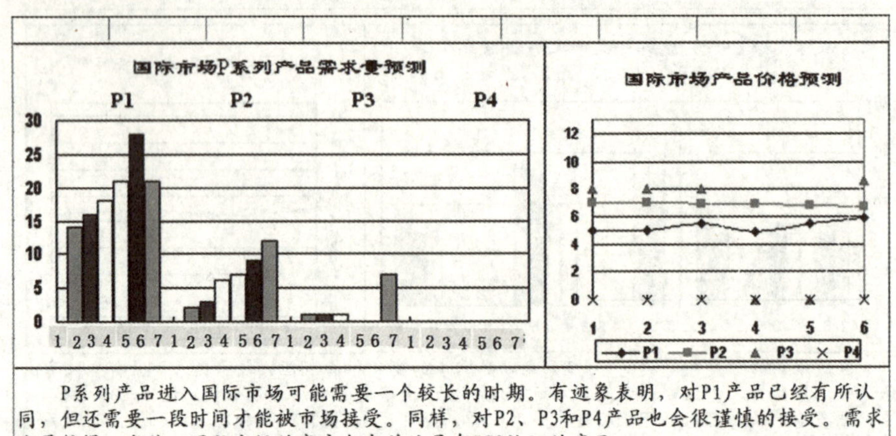

P系列产品进入国际市场可能需要一个较长的时期。有迹象表明，对P1产品已经有所认同，但还需要一段时间才能被市场接受。同样，对P2、P3和P4产品也会很谨慎的接受。需求发展较慢。当然，国际市场的客户也会关注具有ISO认证的产品。

提醒：①请总经理带领着整个企业团队，查看市场预测表，进行市场分析，制定自己企业的企业经营规则。

②在经营过程中，每个人都要详细做好企业经营记录表。

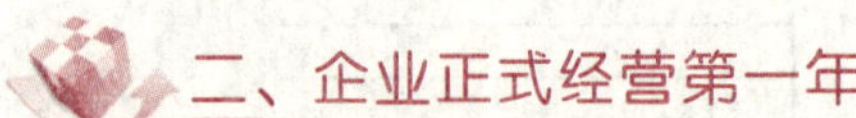

二、企业正式经营第一年

股东资本为60M，拥有本地市场准入证和P1生产资格证。接下来，请等待裁判的指令！

1. 第1年企业经营记录表

企业经营记录表

组别：________ 第________年 记录人：________ 职务：________

企业经营流程 请按顺序执行下列各项操作。		每执行完一项操作，请在相应的方格内打勾。 同时在方格中填写现金收支情况，收入用+，支出用一。			
年初	年初规划会议/现金盘点				
	广告投放				
	参加订货会选订单/登记订单				
	支付应付税				
	支付长贷利息				
	更新长期贷款/长期贷款还款				
	申请长期贷款				
1	季初盘点（请填余额）				
2	更新短期贷款/短期贷款还本付息				
3	申请短期贷款				
4	原材料入库/更新原料订单				
5	下原料订单				
6	购买/租用——厂房				

7	更新生产/完工入库				
8	新建/在建/转产/变卖——生产线				
9	紧急采购（随时进行）				
10	开始下一批生产				
11	更新应收款/应收款收现				
12	按订单交货				
13	产品研发投资				
14	厂房——出售（买转租）/退租/租转买				
15	支付管理费				
16	更新厂房租金				
17	出售库存				
18	厂房贴现				
19	应收款贴现				
20	季末收入合计				
21	季末支出合计				
22	季末数额对账［（1）＋（21）＋（22）］				
年末	缴纳违约订单罚款				
	支付设备维护费				
	计提折旧				（ ）
	新市场开拓				
	ISO资格投资				
	结账				

2. 第1年财务报表

（1）第1年综合管理费用明细表

项目	金额	备注
管理费		
广告费		
维修费		
租 金		
转产费		
市场准入		□区域 □国内 □亚洲 □国际
ISO资格认证		□ ISO9000 □1SO14000
产品研发		P2（ ） P3（ ） P4（ ）
其 他		
合 计		

（2）第1年利润表/损益表

项目	金额
销售收入	
直接成本	
毛利	
综合费用	
折旧前利润	
折旧	
支付利息前利润	
财务支出	
税前利润	
所得税	
净利润	

（3）第1年资产负债表

项目	金额	项目	金额
现金		长期负债	
应收款		短期负债	
在制品		应交所得税	
产成品		——	——
原材料		——	——
流动资产合计		负债合计	
厂房		股东资本	
生产线		利润留存	
在建工程		年度净利	
固定资产合计		所有者权益合计	
资产总计		负债和所有者权益总计	

3. 第1年笔记事项

三、企业正式经营第二年

1. 第 2 年广告费投放

组别：________ 第________ 年

市场 产品	本地	区域	国内	亚洲	国际
P1					
P2					
P3					
P4					

2. 第 2 年订单登记表

订单号											合计
市场											
产品											
数量											
账期											
销售额											
成本											
毛利											
未售											

3. 第 2 年企业经营记录表

企业经营记录表

组别：________ 第________ 年　　记录人：________ 职务：________

企业经营流程 请按顺序执行下列各项操作。		每执行完一项操作，请在相应的方格内打勾。 同时在方格中填写现金收支情况，收入用＋，支出用一。			
年初	年初规划会议/现金盘点				
	广告投放				
	参加订货会选订单/登记订单				
	支付应付税				
	支付长贷利息				
	更新长期贷款/长期贷款还款				
	申请长期贷款				
1	季初盘点（请填余额）				

2	更新短期贷款/短期贷款还本付息				
3	申请短期贷款				
4	原材料入库/更新原料订单				
5	下原料订单				
6	购买/租用——厂房				
7	更新生产/完工入库				
8	新建/在建/转产/变卖——生产线				
9	紧急采购（随时进行）				
10	开始下一批生产				
11	更新应收款/应收款收现				
12	按订单交货				
13	产品研发投资				
14	厂房——出售（买转租）/退租/租转买				
15	支付管理费				
16	更新厂房租金				
17	出售库存				
18	厂房贴现				
19	应收款贴现				
20	季末收入合计				
21	季末支出合计				
22	季末数额对账［（1）＋（21）＋（22）］				
年末	缴纳违约订单罚款				
	支付设备维护费				
	计提折旧				（　　）
	新市场开拓				
	ISO 资格投资				
	结账				

4. 第 2 年产品销售核算表

项目＼产品	P1	P2	P3	P4	合计
数量					
销售额					
成本					
毛利					

5. 第 2 年财务报表

（1）第 2 年综合管理费用明细表

项目	金额	备注
管理费		
广告费		
维修费		
租　金		
转产费		
市场准入		□区域　□国内　□亚洲　□国际
ISO 资格认证		□ ISO9000　□ISO14000
产品研发		P2（　）　P3（　）　P4（　）
其　他		
合　计		

（2）第 2 年利润表/损益表

项目	金额
销售收入	
直接成本	
毛利	
综合费用	
折旧前利润	
折旧	
支付利息前利润	
财务支出	
税前利润	
所得税	
净利润	

（3）第 2 年资产负债表

项目	金额	项目	金额
现金		长期负债	
应收款		短期负债	
在制品		应交所得税	
产成品		——	——
原材料		——	——
流动资产合计		负债合计	
厂房		股东资本	
生产线		利润留存	
在建工程		年度净利	
固定资产合计		所有者权益合计	
资产总计		负债和所有者权益总计	

3. 第 2 年笔记事项

四、企业正式经营第三年

1. 第 3 年广告费投放

组别：________ 第________年

市场 产品	本地	区域	国内	亚洲	国际
P1					
P2					
P3					
P4					

2. 第 3 年订单登记表

订单号											合计
市场											
产品											
数量											
账期											
销售额											
成本											
毛利											
未售											

3. 第 3 年企业经营记录表

企业经营记录表

组别：__________ 第__________年　　记录人：__________ 职务：__________

企业经营流程 请按顺序执行下列各项操作。		每执行完一项操作，请在相应的方格内打勾。 同时在方格中填写现金收支情况，收入用+，支出用-。			
年初	年初规划会议/现金盘点				
	广告投放				
	参加订货会选订单/登记订单				
	支付应付税				
	支付长贷利息				
	更新长期贷款/长期贷款还款				
	申请长期贷款				
1	季初盘点（请填余额）				
2	更新短期贷款/短期贷款还本付息				
3	申请短期贷款				
4	原材料入库/更新原料订单				
5	下原料订单				
6	购买/租用——厂房				
7	更新生产/完工入库				
8	新建/在建/转产/变卖——生产线				
9	紧急采购（随时进行）				
10	开始下一批生产				
11	更新应收款/应收款收现				
12	按订单交货				
13	产品研发投资				
14	厂房——出售（买转租）/退租/租转买				
15	支付管理费				
16	更新厂房租金				
17	出售库存				
18	厂房贴现				
19	应收款贴现				
20	季末收入合计				
21	季末支出合计				
22	季末数额对账［(1)＋(21)＋(22)］				
年末	缴纳违约订单罚款				
	支付设备维护费				
	计提折旧				（　）
	新市场开拓				
	ISO 资格投资				
	结账				

4. 第 3 年产品销售核算表

产品 项目	P1	P2	P3	P4	合计
数量					
销售额					
成本					
毛利					

5. 第 3 年财务报表

(1) 第 3 年综合管理费用明细表

项目	金额	备注
管理费		
广告费		
维修费		
租　金		
转产费		
市场准入		□区域　□国内　□亚洲　□国际
ISO 资格认证		□ ISO9000　□ISO14000
产品研发		P2（　）　P3（　）　P4（　）
其　他		
合　计		

(2) 第 3 年利润表/损益表

项目	金额
销售收入	
直接成本	
毛利	
综合费用	
折旧前利润	
折旧	
支付利息前利润	
财务支出	
税前利润	
所得税	
净利润	

(3) 第 3 年资产负债表

项目	金额	项目	金额
现金		长期负债	
应收款		短期负债	
在制品		应交所得税	
产成品		——	——
原材料		——	——
流动资产合计		**负债合计**	
厂房		股东资本	
生产线		利润留存	
在建工程		年度净利	
固定资产合计		**所有者权益合计**	
资产总计		**负债和所有者权益总计**	

3. 第 3 年笔记事项

五、企业正式经营第四年

1. 第 4 年广告费投放

组别：＿＿＿＿＿＿ **第**＿＿＿＿ **年**

市场 / 产品	本地	区域	国内	亚洲	国际
P1					
P2					
P3					
P4					

2. 第4年订单登记表

订单号											合计
市场											
产品											
数量											
账期											
销售额											
成本											
毛利											
未售											

3. 第4年企业经营记录表

企业经营记录表

组别：______ 第______年 记录人：______ 职务：______

企业经营流程 请按顺序执行下列各项操作。		每执行完一项操作，请在相应的方格内打勾。 同时在方格中填写现金收支情况，收入用＋，支出用－。			
年初	年初规划会议/现金盘点				
	广告投放				
	参加订货会选订单/登记订单				
	支付应付税				
	支付长贷利息				
	更新长期贷款/长期贷款还款				
	申请长期贷款				
1	季初盘点（请填余额）				
2	更新短期贷款/短期贷款还本付息				
3	申请短期贷款				
4	原材料入库/更新原料订单				
5	下原料订单				
6	购买/租用——厂房				
7	更新生产/完工入库				
8	新建/在建/转产/变卖——生产线				
9	紧急采购（随时进行）				
10	开始下一批生产				
11	更新应收款/应收款收现				
12	按订单交货				
13	产品研发投资				
14	厂房——出售（买转租）/退租/租转买				

15	支付管理费				
16	更新厂房租金				
17	出售库存				
18	厂房贴现				
19	应收款贴现				
20	季末收入合计				
21	季末支出合计				
22	季末数额对账［(1) ＋ (21) ＋ (22)］				
年末	缴纳违约订单罚款				
	支付设备维护费				
	计提折旧				( )
	新市场开拓				
	ISO资格投资				
	结账				

4. 第4年产品销售核算表

产品 项目	P1	P2	P3	P4	合计
数量					
销售额					
成本					
毛利					

5. 第4年财务报表

(1) 第4年综合管理费用明细表

项目	金额	备注
管理费		
广告费		
维修费		
租　金		
转产费		
市场准入		□区域　□国内　□亚洲　□国际
ISO资格认证		□ ISO9000　□1SO14000
产品研发		P2 ( )　P3 ( )　P4 ( )
其　他		
合　计		

(2) 第4年利润表/损益表

项目	金额
销售收入	
直接成本	
毛利	
综合费用	
折旧前利润	
折旧	
支付利息前利润	
财务支出	
税前利润	
所得税	
净利润	

(3) 第4年资产负债表

项目	金额	项目	金额
现金		长期负债	
应收款		短期负债	
在制品		应交所得税	
产成品		——	——
原材料		——	——
流动资产合计		负债合计	
厂房		股东资本	
生产线		利润留存	
在建工程		年度净利	
固定资产合计		所有者权益合计	
资产总计		负债和所有者权益总计	

3. 第4年笔记事项

六、企业正式经营第四年

1. 第 5 年广告费投放

组别：__________ 第 __________ 年

市场 产品	本地	区域	国内	亚洲	国际
P1					
P2					
P3					
P4					

2. 第 5 年订单登记表

订单号										合计
市场										
产品										
数量										
账期										
销售额										
成本										
毛利										
未售										

3. 第 5 年企业经营记录表

企业经营记录表

组别：__________ 第 __________ 年 记录人：__________ 职务：__________

企业经营流程

请按顺序执行下列各项操作。

每执行完一项操作，请在相应的方格内打勾。
同时在方格中填写现金收支情况，收入用＋，支出用－。

年初	年初规划会议/现金盘点				
	广告投放				
	参加订货会选订单/登记订单				
	支付应付税				
	支付长贷利息				
	更新长期贷款/长期贷款还款				
	申请长期贷款				
1	季初盘点（请填余额）				
2	更新短期贷款/短期贷款还本付息				
3	申请短期贷款				

4	原材料入库/更新原料订单				
5	下原料订单				
6	购买/租用——厂房				
7	更新生产/完工入库				
8	新建/在建/转产/变卖——生产线				
9	紧急采购（随时进行）				
10	开始下一批生产				
11	更新应收款/应收款收现				
12	按订单交货				
13	产品研发投资				
14	厂房——出售（买转租）/退租/租转买				
15	支付管理费				
16	更新厂房租金				
17	出售库存				
18	厂房贴现				
19	应收款贴现				
20	季末收入合计				
21	季末支出合计				
22	季末数额对账［（1）＋（21）＋（22）］				
年末	缴纳违约订单罚款				
	支付设备维护费				
	计提折旧				（　　）
	新市场开拓				
	ISO资格投资				
	结账				

4. 第5年产品销售核算表

产品 项目	P1	P2	P3	P4	合计
数量					
销售额					
成本					
毛利					

5. 第5年财务报表

（1）第5年综合管理费用明细表

项目	金额	备注
管理费		

广告费		
维修费		
租 金		
转产费		
市场准入		□区域 □国内 □亚洲 □国际
ISO资格认证		□ ISO9000 □1SO14000
产品研发		P2（ ） P3（ ） P4（ ）
其 他		
合 计		

(2) 第5年利润表/损益表

项目	金额
销售收入	
直接成本	
毛利	
综合费用	
折旧前利润	
折旧	
支付利息前利润	
财务支出	
税前利润	
所得税	
净利润	

(3) 第5年资产负债表

项目	金额	项目	金额
现金		长期负债	
应收款		短期负债	
在制品		应交所得税	
产成品		——	——
原材料		——	——
流动资产合计		负债合计	
厂房		股东资本	
生产线		利润留存	
在建工程		年度净利	
固定资产合计		所有者权益合计	
资产总计		负债和所有者权益总计	

3. 第 5 年笔记事项

七、企业正式经营第四年

1. 第 6 年广告费投放

组别：__________ 第__________ 年

市场 产品	本地	区域	国内	亚洲	国际
P1					
P2					
P3					
P4					

2. 第 6 年订单登记表

订单号										合计
市场										
产品										
数量										
账期										
销售额										
成本										
毛利										
未售										

3. 第6年企业经营记录表

企业经营记录表

组别：________ 第________年 记录人：________ 职务：________

企业经营流程 请按顺序执行下列各项操作。		每执行完一项操作，请在相应的方格内打勾。 同时在方格中填写现金收支情况，收入用＋，支出用－。			
年初	年初规划会议/现金盘点				
	广告投放				
	参加订货会选订单/登记订单				
	支付应付税				
	支付长贷利息				
	更新长期贷款/长期贷款还款				
	申请长期贷款				
1	季初盘点（请填余额）				
2	更新短期贷款/短期贷款还本付息				
3	申请短期贷款				
4	原材料入库/更新原料订单				
5	下原料订单				
6	购买/租用——厂房				
7	更新生产/完工入库				
8	新建/在建/转产/变卖——生产线				
9	紧急采购（随时进行）				
10	开始下一批生产				
11	更新应收款/应收款收现				
12	按订单交货				
13	产品研发投资				
14	厂房——出售（买转租）/退租/租转买				
15	支付管理费				
16	更新厂房租金				
17	出售库存				
18	厂房贴现				
19	应收款贴现				
20	季末收入合计				
21	季末支出合计				
22	季末数额对账［(1) ＋ (21) ＋ (22)］				
年末	缴纳违约订单罚款				
	支付设备维护费				
	计提折旧				（ ）
	新市场开拓				
	ISO资格投资				
	结账				

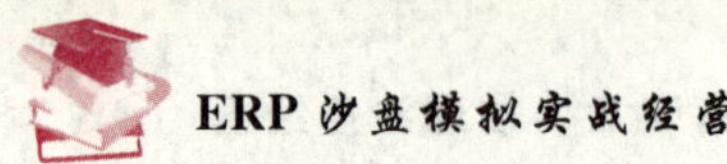

4. 第 6 年产品销售核算表

产品 项目	P1	P2	P3	P4	合计
数量					
销售额					
成本					
毛利					

5. 第 6 年财务报表

（1）第 6 年综合管理费用明细表

项目	金额	备注
管理费		
广告费		
维修费		
租　金		
转产费		
市场准入		□区域　□国内　□亚洲　□国际
ISO 资格认证		□ ISO9000　□ISO14000
产品研发		P2（　）　P3（　）　P4（　）
其　他		
合　计		

（2）第 6 年利润表/损益表

项目	金额
销售收入	
直接成本	
毛利	
综合费用	
折旧前利润	
折旧	
支付利息前利润	
财务支出	
税前利润	
所得税	
净利润	

（3）第 6 年资产负债表

项目	金额	项目	金额
现金		长期负债	
应收款		短期负债	
在制品		应交所得税	
产成品		—	—
原材料		—	
流动资产合计		**负债合计**	
厂房		股东资本	
生产线		利润留存	
在建工程		年度净利	
固定资产合计		**所有者权益合计**	
资产总计		**负债和所有者权益总计**	

3. 第 6 年笔记事项

经过六年的物理沙盘企业经营，你有所感悟了吗？准备好去面对更有挑战性的电子沙盘了吗？

第五章　电子沙盘经营

电子沙盘，是物理沙盘的一种电子化反映，是把物理沙盘中的企业模拟经营，搬到了计算机中，借助于电子沙盘软件的辅助，实现物理沙盘中企业模拟经营。

和物理沙盘相比，电子沙盘的优点是简洁、易操作，缺点是不如物理沙盘直观。本书要介绍的电子沙盘，是新道科技的创业者和商战两种版本。

5.1 创业者经营

创业者电子沙盘，是新道科技组织开发的一款物理沙盘的电子化软件。创业者电子沙盘，可以实现和物理沙盘的完全对接，电子经营和物理沙盘盘面相辅相成，更加直观、高效的反映了企业的运营流程。

在操作创业者电子沙盘的时候，请结合物理沙盘的经营去理解、掌握。在经营中，同样也要随时做好企业运营记录表的记录。

如果没做特别说明，股东资本默认为 60M。

一、经营规则介绍

在物理沙盘经营规则的基础上，稍作修改，形成创业者电子沙盘的经营规则。

1. 生产线

生产线	购置费	安装周期	生产周期	总转产费	转产周期	维修费	残值
手工线	5M	无	2Q	0M	无	1M/年	1M
自动线	15M	3Q	1Q	2M	1Q	2M/年	3M
柔性线	20M	4Q	1Q	0M	无	2M/年	4M

不论何时出售生产线，从生产线净值中取出相当于残值的部分计入现金，净值与残值之差计入损失；只有空的并且已经建成的生产线方可转产；当年建成的生产线、转产中生产线都要交维修费。

2. 折旧（平均年限法）

生产线	购置费	残值	建成第 1 年	建成第 2 年	建成第 3 年	建成第 4 年	建成第 5 年
手工线	5M	1M	0	1M	1M	1M	1M
自动线	15M	3M	0	3M	3M	3M	3M
柔性线	20M	4M	0	4M	4M	4M	4M

当年建成的生产线当年不提折旧，当净值等于残值时生产线不再计提折旧，但可以继续使用。

3. 融资

贷款类型	贷款时间	贷款额度	年息	还款方式
长期贷款	每年年初	所有长贷和短贷之和不能超过去年权益的3倍	10%	年初付息，到期还本；每次贷款为10的倍数
短期贷款	每季度初		5%	到期一次还本付息；每次贷款为20的倍数
资金贴现	任何时间	视应收款额	10%（1季，2季） 12.5%（3季，4季）	变现时贴息，可对1，2季应收联合贴现（3，4季同理）。
库存拍卖	原材料八折，成品按成本价			

4. 厂房

厂房	买价	租金	售价	容量	厂房出售得到4个账期的应收款，紧急情况下可厂房贴现（4季贴现），直接得到现金，如厂房中有生产线，同时要扣租金。
大厂房	40M	5M/年	40M	6条	
小厂房	30M	3M/年	30M	4条	

每季均可租或买，租满一年的厂房在满年的季度（如第二季租的，则在以后各年第二季为满年，可进行处理），需要用“厂房处置”进行“租转买”、“退租”（当厂房中没有任何生产线时）等处理，如果未加处理，则原来租用的厂房在满年季末自动续租；厂房不计提折旧；生产线不允许在不同厂房间移动。

5. 市场准入

市场	开发费	时间	
本地	1M/年	1年	开发费用按开发时间在年末平均支付，不允许加速投资。 市场开发完成后，领取相应的市场准入证。
区域	1M/年	1年	
国内	1M/年	2年	
亚洲	1M/年	3年	
国际	1M/年	4年	

无须交维护费，中途停止使用，也可继续拥有资格并在以后年份使用。

6. 资格认证

认证	ISO9000	ISO14000	平均支付，认证完成后可以领取相应的ISO资格证。可中断投资。
时间	2年	2年	
费用	1M/年	2M/年	

无须交维护费，中途停止使用，也可继续拥有资格并在以后年份使用。

7. 产品

名称	开发费用	开发周期	加工费	直接成本	产品组成
P1	1M/季	2 季	1M/个	2M/个	R1
P2	1M/季	3 季	1M/个	3M/个	R2＋R3
P3	1M/季	4 季	1M/个	4M/个	R1＋R3＋R4
P4	1M/季	5 季	1M/个	5M/个	R2＋R3＋2R4

8. 原料

名称	购买价格	提前期
R1	1M/个	1 季
R2	1M/个	1 季
R3	1M/个	2 季
R4	1M/个	2 季

9. 紧急采购

付款即到货，原材料价格为直接成本的 2 倍，成品价格为直接成本的 3 倍。

紧急采购原材料和产品时，直接扣除现金。上报报表时，成本仍然按照标准成本记录，紧急采购多付出的成本计入费用表损失项。

10. 选单规则

市场老大（某市场上年所有产品销售总和第一且该市场无违约）有优先选单权（有若干队销售并列第一，则老大随机或可能无老大）；以本市场本产品广告额投放大小顺序依次选单；如果两队本市场本产品广告额相同，则看本市场广告投放总额；如果本市场广告总额也相同，则看上年市场销售排名；如仍无法决定，先投广告者先选单。第一年无订单。

注意：

●必须在倒计时大于 10 秒时选单，出现确认框要在三秒内按下确认按纽，否则可能造成选单无效。

●在某细分市场（如本地、P1）有多次选单机会，只要放弃一次，则视同放弃该细分市场所有选单机会。

11. 订单违约

订单必须在规定季或提前交货，应收账期从交货季开始算起。

12. 取整规则

违约金扣除——向下取整；库存拍卖所得现金——向下取整；贴现费用——向上取整；扣税——向下取整。

13. 特殊费用项目

库存折价拍卖、生产线变卖、紧急采购、订单违约、增减资（增资计损失为负）操作计入其他损失。

14. 重要参数

▶ 系统参数

违约扣款百分比	20	%	最大长贷年限	5	年
库存折价率(产品)	100	%	库存折价率(原料)	80	%
长期贷款利率	10	%	短期贷款利率	5	%
贷款额倍数	3	倍	初始现金(股东资本)	60	M
贴现率(1,2期)	10	%	贴现率(3,4期)	12.5	%
管理费	1	M	信息费	1	M
紧急采购倍数(原料)	2	倍	紧急采购倍数(产品)	3	倍
所得税率	25	%	最大经营年限	6	年
选单时间	40	秒	选单补时时间	25	秒
间谍有效时间	600	秒	间谍使用间隔	3000	秒

市场老大	⊙有 ○无

注意：

●每市场每产品选单时第一个队选单时间为 60 秒，自第二个队起，选单时间设为 40 秒；放弃一次，就放弃了该产品在该市场以后所有的机会。

●信息费 1M/次，即间谍费用 1M/次，时长为 10 分钟，超过 10 分钟，就要再花钱。

16. 竞赛排名

完成预先规定的经营年限，将根据各队的最后分数进行评分，分数高者优胜。

总成绩＝所有者权益×（1＋企业综合发展潜力/100）－罚分

企业综合发展潜力如下：

项目	综合发展潜力系数
手工生产线	＋5/条
全自动/柔性线	＋10/条
区域市场开发	＋10
国内市场开发	＋10
亚洲市场开发	＋10
国际市场开发	＋10
ISO9000	＋10
ISO14000	＋10
P1 产品开发	＋10
P2 产品开发	＋10
P3 产品开发	＋10
P4 产品开发	＋10

注意：

●如有若干队分数相同，则最后一年在系统中先结束经营者排名靠前。

●生产线建成即加分，无须生产出产品，也无须有在制品。市场老大和厂房无加分。

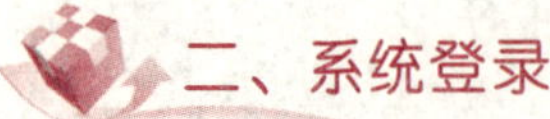

二、系统登录

1. 打开 IE 浏览器。

2. 在地址栏输入 http：//服务器 IP 地址，进入系统。

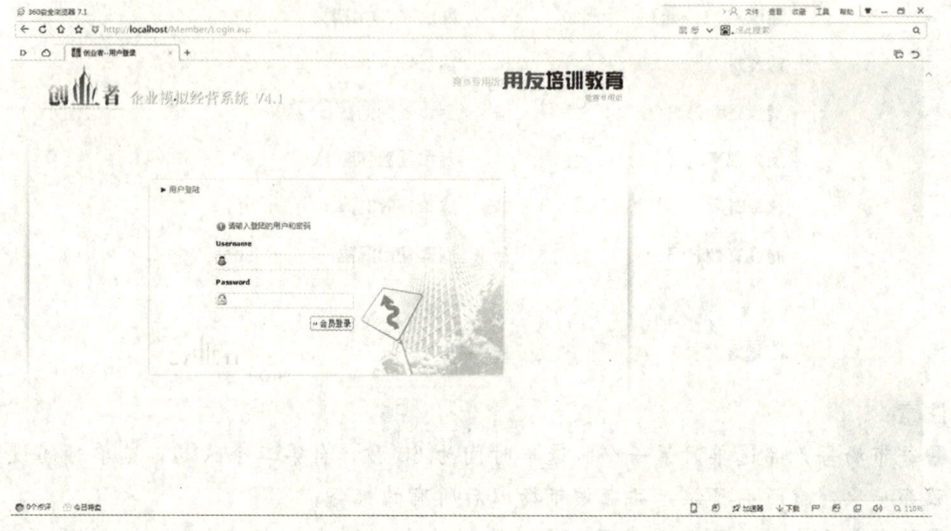

3. 用户名为公司代码 U01、U02、U03 等，首次登录的初始密码为“1”。第一次登录需要填写：公司名称（必填）、所属学校（必填）、各职位人员姓名（如有多人，可以在一个职位中输入两个以上的人员姓名）（必填）。登记确认后不可更改，务必重设密码。

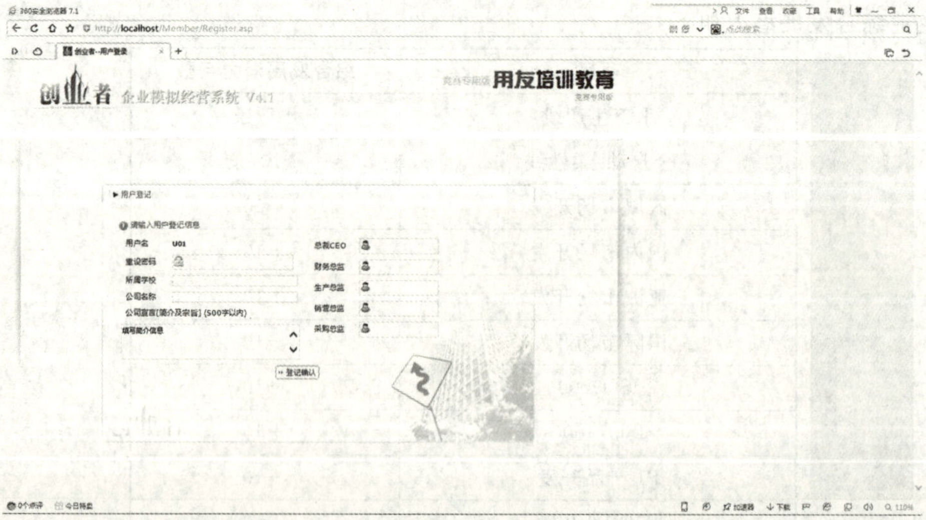

填好后的页面如下：

创业者 企业模拟经营系统 V4.1
用友培训教育
用户登记
请输入用户登记信息
用户名 U01
重设密码
所属学校 你学校的名字
公司名称 你的公司
公司宣言[简介及宗旨]（500字以内）
你公司的宣言
总裁CEO CEO的名字
财务总监 财务的名字
生产总监 生产的名字
营销总监 营销的名字
采购总监 采购的名字
登记确认

4. 填好后，点击“登记确认”，进入企业模拟经营主页面。主页面主要包括了两大部分，左侧的信息区，右侧的操作区。右侧操作区第一行，为年初经营操作区；右侧第二行、第三行，为一年四个季度的企业经营操作区；第三行的“市场开拓”、“ISO 投资”，为一年年末的企业经营操作区；第四行、第五行，为经营过程中随时可以双击鼠标左键进行操作的辅助经营区。

5. 在主页面中，有一些信息没有呈现出来，可以随时查看，获得一些信息，帮助进行企业运营。点击左侧信息区的 按钮，查看企业资产、生产、库存信息等。

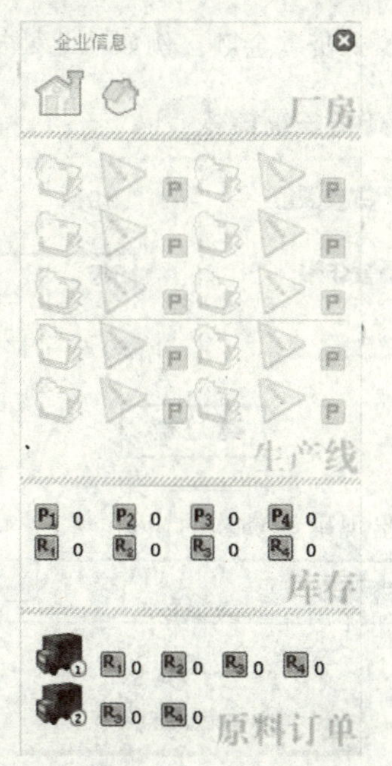

三、模拟起始年经营

在操作过程中，要做好企业运营记录表的记录。

(一)年初经营

1. 点击年初操作区的“申请长贷”按钮，可以进行长期贷款。

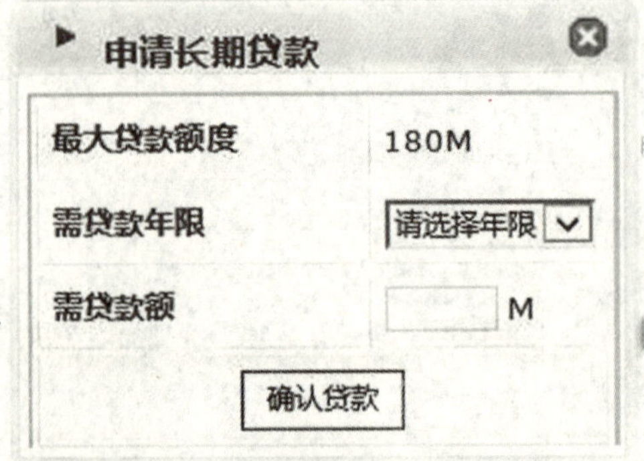

点击需贷款年限的下拉菜单，出现贷款年限的选择。

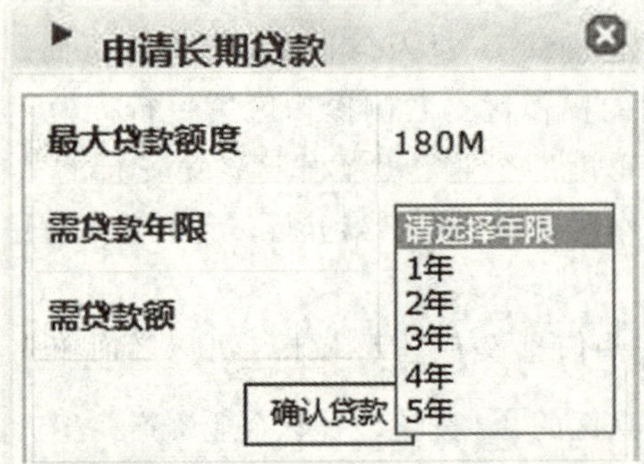

点击需贷款额下拉菜单，填入贷款金额。例如，此处贷款60M，填入60。

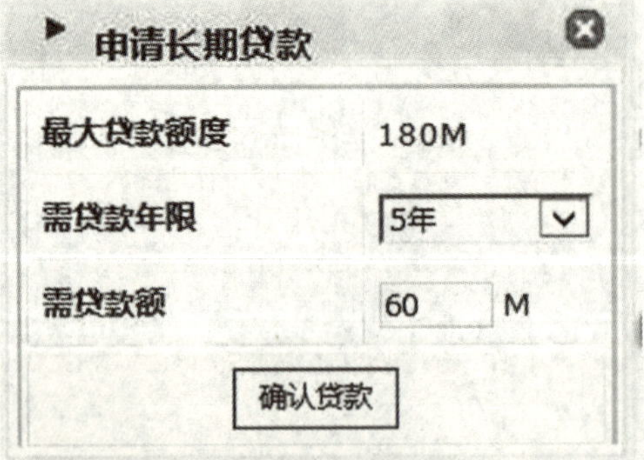

点击“确认贷款”后，会出现确认贷款的窗口：

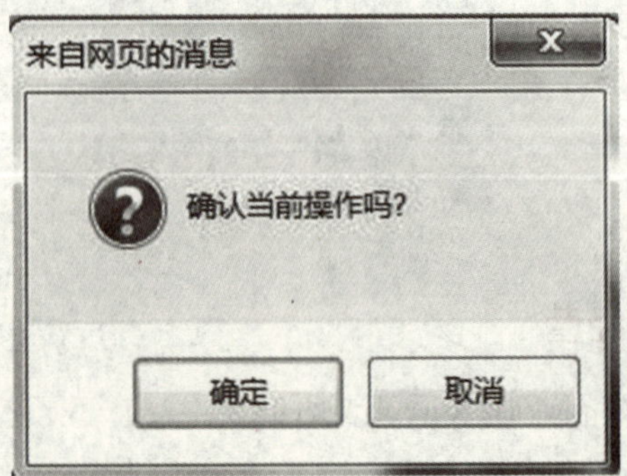

如果想回去修改贷款年限和贷款额度，可以选择“取消”，回去修改。点“确定”，代表确认长期贷款的年限和额度。确定后会弹出贷款成功的窗口。

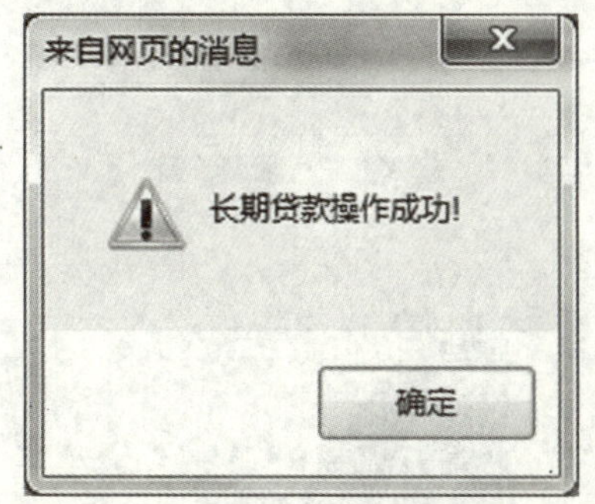

注意：确定后，长期贷款按钮依然存在：

说明，长期贷款可再次贷款。即长期贷款可以分不同的年限和不同的额度，重复操作。

2. 此时，查看左侧信息区的“用户现金”，变成了120M（60+60）。

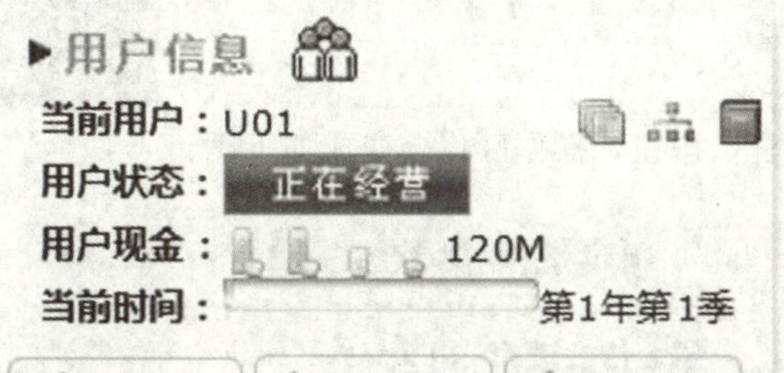

（二）第1季度经营

1. 点击左侧信息栏里的“当季开始”按钮，开始第1季度经营。自动完成的过程包括还本付息/更新短贷款、更新生产/完工入库、生产线完工/转产完工，见下图：

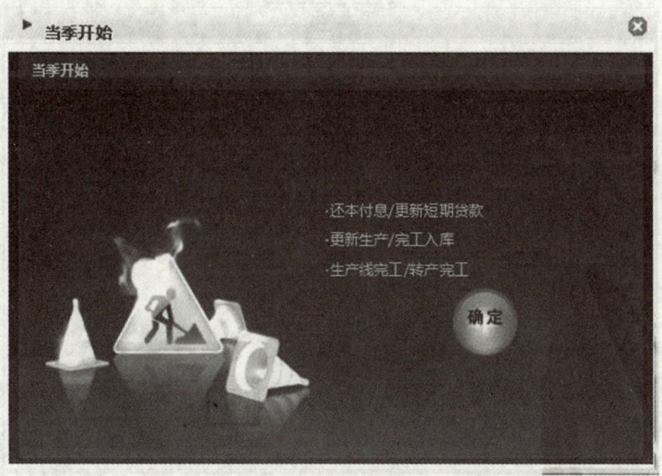

2. 确认第1季度开始经营后，右侧操作区将会变成如下图：

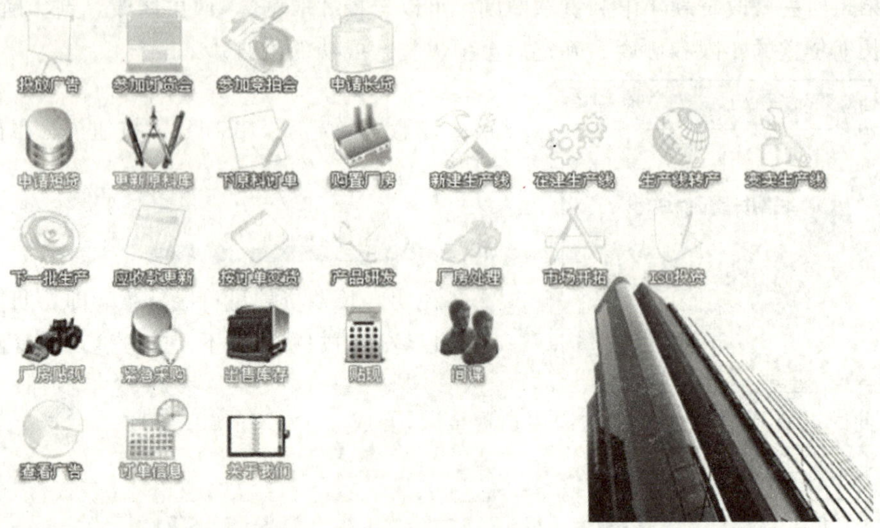

3. 点击“申请短贷”按钮，操作区将会变成如下图：

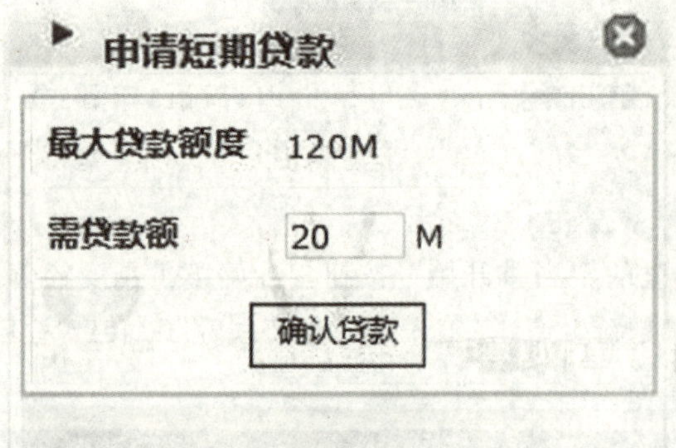

4. 贷款额度“20”为默认。此处，准备贷 20M，故不用修改，点击“确认贷款”后，操作区将会变成如下图：

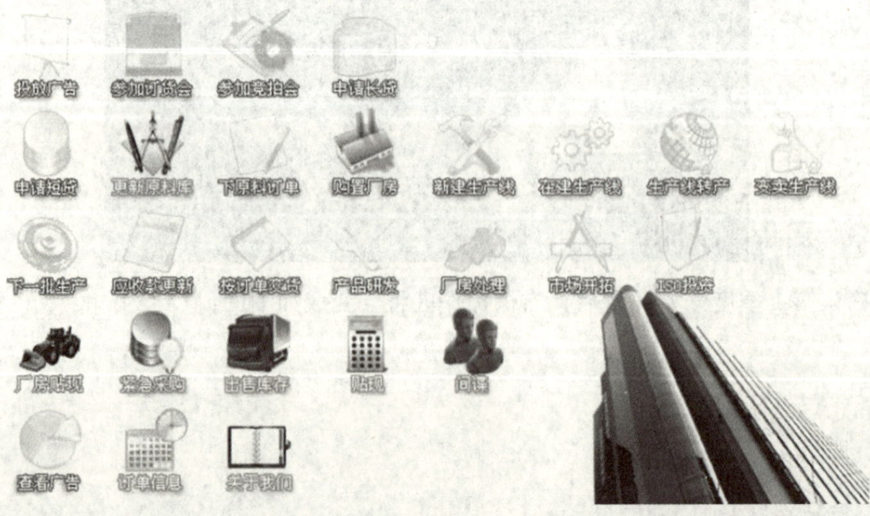

“短期贷款”按钮消失，说明短期贷款 1 个季度只能贷款一次，不能重复贷。

5. 点击“更新原料库”，前期原材料的订购到货时，现付金额为原材料费用。无到货

时，现付金额为 0。

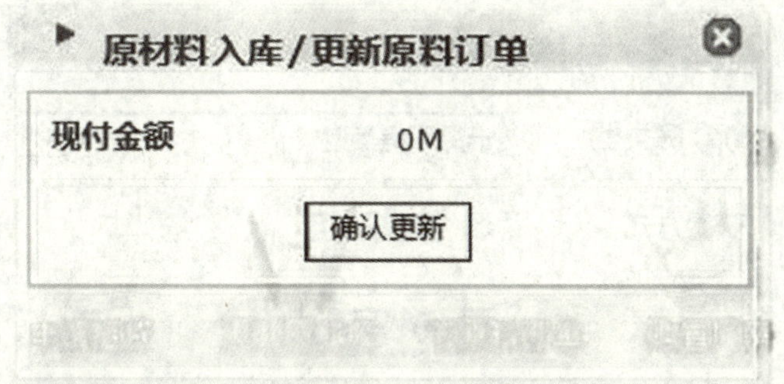

注意：若企业资金无法支付原材料费用时，资金链断裂，企业将会破产。“更新原料库”按钮必须点击操作，否则运营无法继续进行。

6. 点击“确认更新”后，操作区变成如下图：

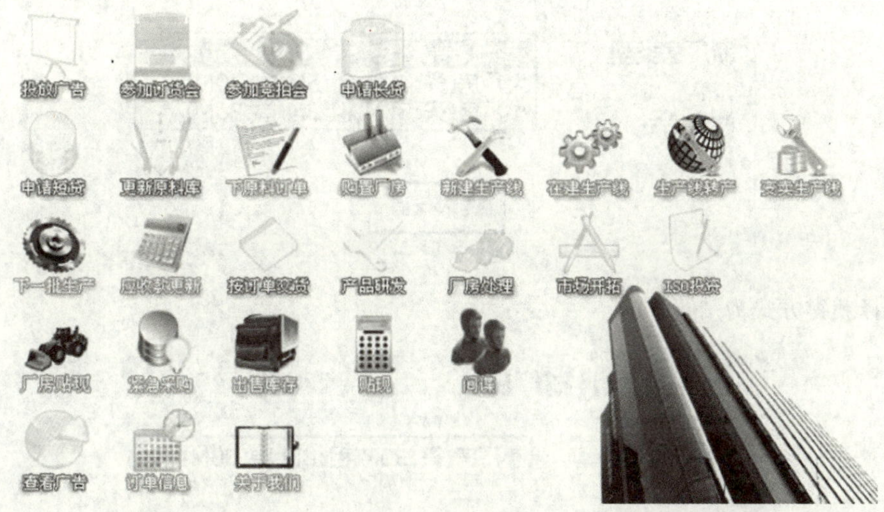

7. 点击“下原料订单”后，如下图。数量中可以输入想订购的原料数量，点击“确认订购”。若无订购，保持数量 0 不变，点击右上角叉号，不能用确认订购。

下原料订单

原料	价格	提前期	订购量
R_1	1M	1季	0
R_2	1M	1季	0
R_3	1M	2季	0
R_4	1M	2季	0

确认订购

8. 点击“购置厂房”按钮，如下图。

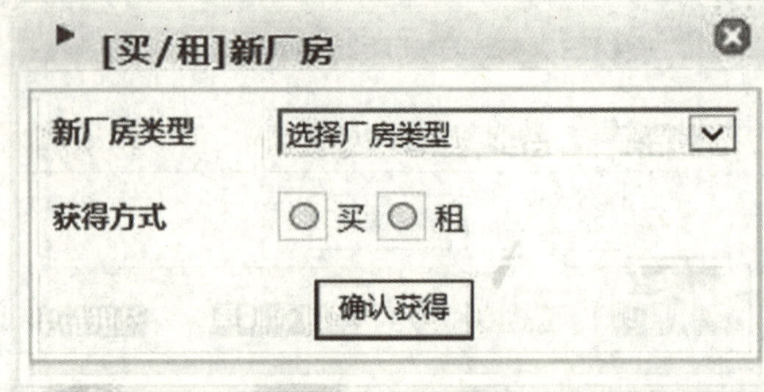

选择新厂房类型下拉菜单。

选择获得方式为“买”。

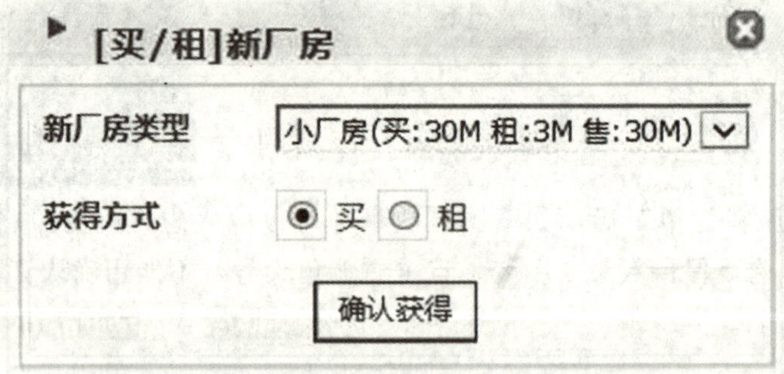

点击“确认获得”后，点击左侧的企业信息按键，查看企业信息：

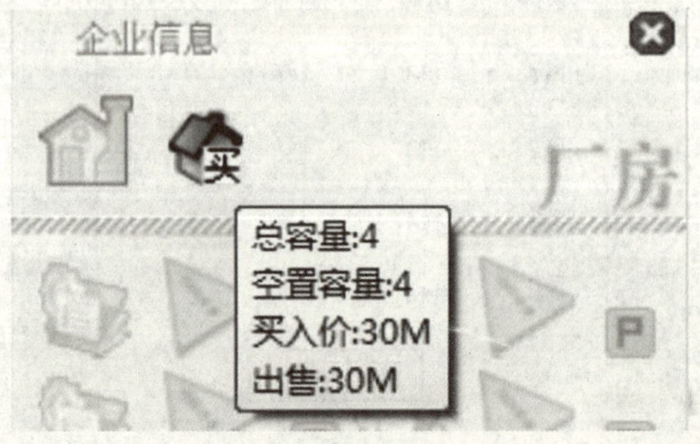

9. 点击“新建生产线”按钮，选择所属厂房为“小厂房”，新生产线类型为“柔性线”，产品类型为“P3”，点击确认获得，建设一条；重复点击，建设两条。

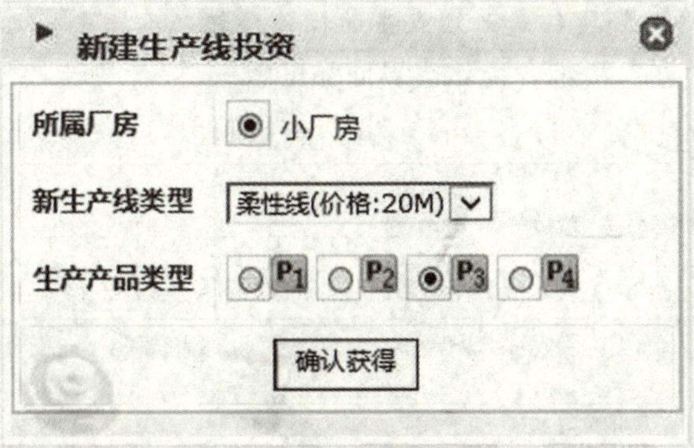

10. 点击左侧的企业信息按键，查看企业信息：

11. “在建生产线”按钮不需要时，可以不去点击操作。
12. “生产线转产”按钮不需要时，可以不去点击操作。
13. “变卖生产线”按钮不需要时，可以不去点击操作。
14. “下一批生产”按钮不需要时，可以不去点击操作。
15. 点击“应收款更新”按钮。

应收款更新

收现金额(1期)　0　M

确认更新

注意：“应收款更新”按钮，需要自己输入应收款额的数值，到期不输入，钱放在计算机手中，永远不会主动给你。输入多了，不给；输入少了，多余的留在计算机手中。并且，要知道“应收款更新”按钮是必须点击的操作按钮，不点击将无法继续运行下去。

16. 点击“确认更新”按键，操作区界面如下图。

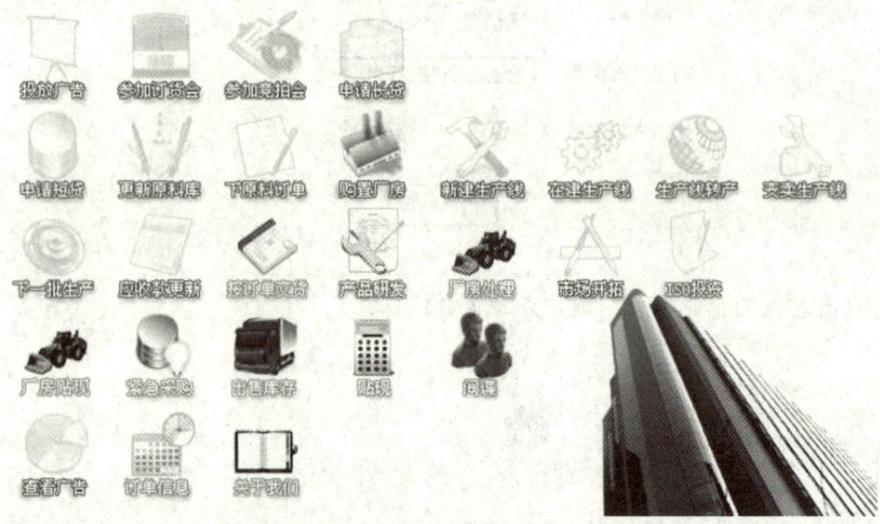

17. “按订单交货”按钮不需要时，可以不去点击操作。

18. 点击“产品研发”按钮，选中 P3，进行研发投资。

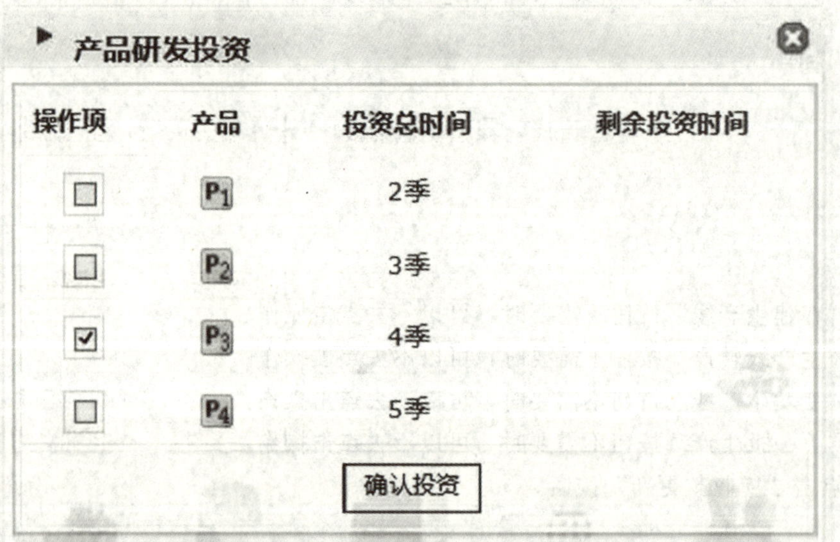

点击“确认投资”后，把鼠标放在左侧生产资格研发信息栏处，只显示 P3 的研发，其他没研发的不显示相应的研发信息：

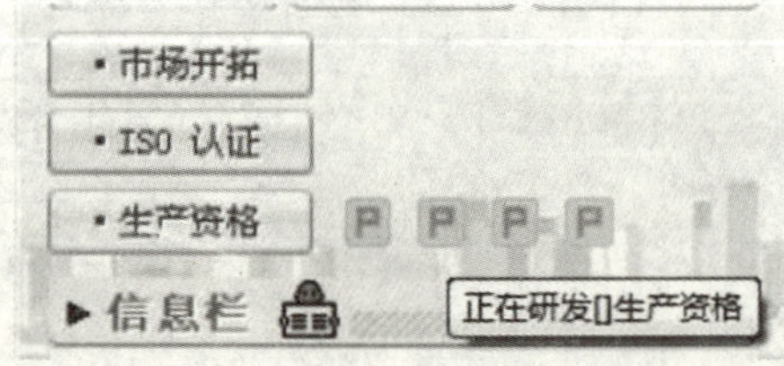

19. “厂房处理”按钮不需要时，可以不去点击操作。

20. 点击左侧信息栏的“当季结束”按钮，结束第 1 季度经营。自动完成的过程包括支付行政管理费、支付租金、检查“产品开发”完成情况。

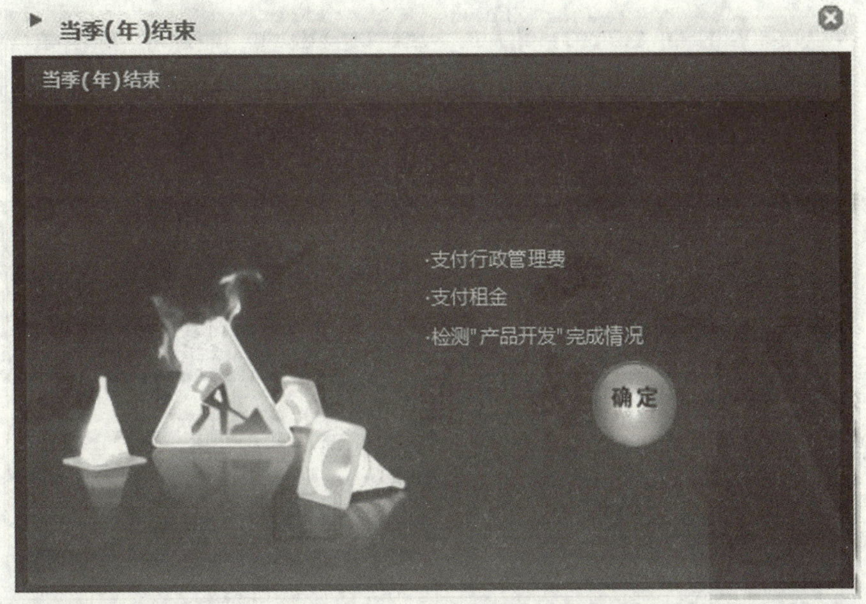

（三）第 2 季度经营

1. 点击左侧信息栏里的“当季开始”按钮，开始第 2 季度经营。自动完成的过程包括还本付息/更新短贷款、更新生产/完工入库、生产线完工/转产完工，见下图：

2. 确认第 2 季度开始经营后，右侧操作区将会变成如下图：

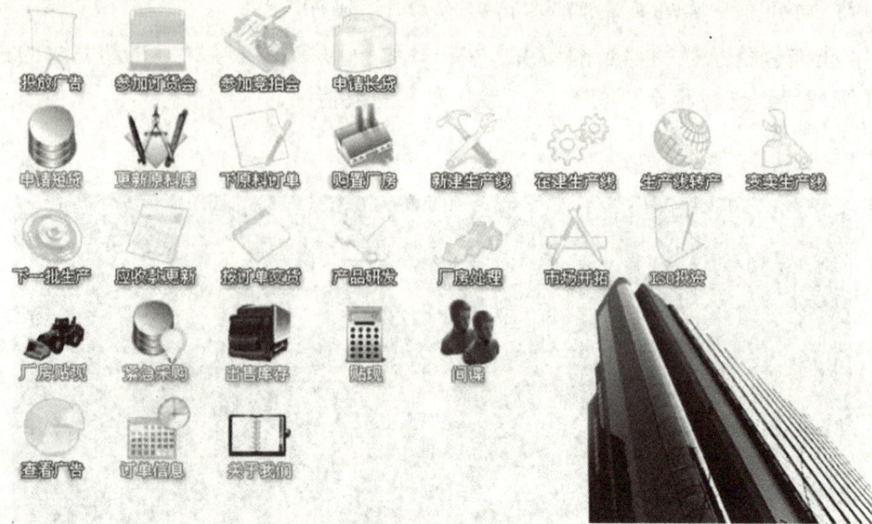

3. “申请短贷”按钮不需要时，可以不去点击操作。

4. 点击“更新原料库”，第 1 季度无订购原料，现付金额为 0。

5. 点击“确认更新”后，操作区变成如下图：

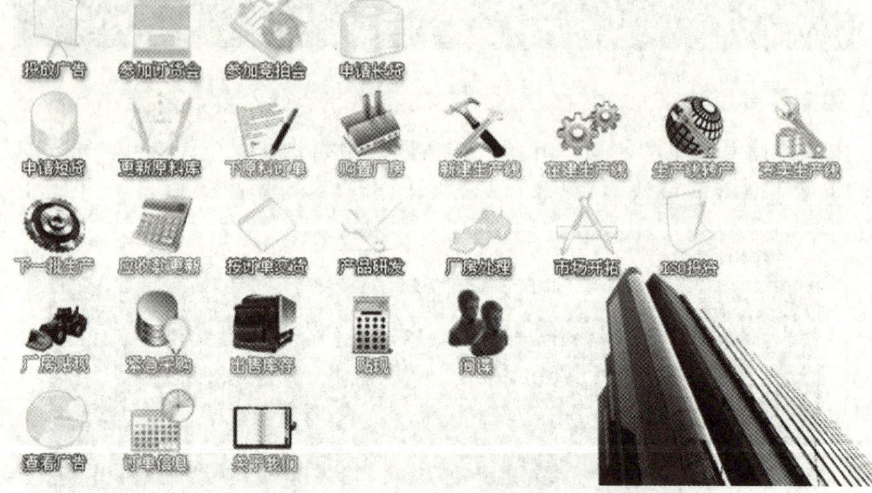

6. “下原料订单”按钮不需要时，可以不去点击操作。

7. “购置厂房”按钮不需要时，可以不去点击操作。

8. “新建生产线”按钮不需要时，可以不去点击操作。

9. 点击“在建生产线”按钮，两条柔性线还剩 3 个季度建设期，如下图。

在建生产线投资

选择项	生产线编号	厂房	生产线类型	产品类型	累订投资额	开建时间	剩余建设时间
□	1		柔	P3	5M	第1年第1季	3季
□	2		柔	P3	5M	第1年第1季	3季

确认投资

选中两条柔性线，点击“确认投资”。

10. “生产线转产”按钮不需要时，可以不去点击操作。

11. “变卖生产线”按钮不需要时，可以不去点击操作。

12. “下一批生产”按钮不需要时，可以不去点击操作。

13. 点击“应收款更新”按钮，在弹出的窗口中点“确认更新”。

14. 点击“确认更新”按键后，操作区界面如下图。

15. “按订单交货”按钮不需要时，可以不去点击操作。

16. 点击“产品研发”按钮，还剩 3 个季度，选中 P3，继续进行研发投资。

▶ 产品研发投资

操作项	产品	投资总时间	剩余投资时间
☐	P1	2季	
☐	P2	3季	
☑	P3	4季	3季
☐	P4	5季	

确认投资

17. “厂房处理”按钮不需要时，可以不去点击操作。

18. 点击左侧信息栏的“当季结束”按钮，结束第 2 季度经营。自动完成的过程包括支付行政管理费、支付租金、检查“产品开发”完成情况。

（四）第 3 季度经营

1. 点击左侧信息栏里的“当季开始”按钮，开始第 3 季度经营。自动完成的过程包括还本付息/更新短贷款、更新生产/完工入库、生产线完工/转产完工。

2. “申请短贷”按钮不需要时，可以不去点击操作。

3. 点击“更新原料库”，第 1、2 季度无订购原料，现付金额为 0。在弹出的窗口中，点击“确认更新”按键。

4. 点击“下原料订单”按钮，因为柔性线安装周期为 4 个季度，则柔性生产性要到第 2 年第 1 个季度才能使用。P3 研发周期 4 个季度，也要到第 2 年第 1 个季度才具备生产产品资格。而 P3 需要 R1、R3、R4 原料，故，此处分别订购 2 个 R3、2 个 R4。

下原料订单

原料	价格	提前期	订购量
R_1	1M	1季	0
R_2	1M	1季	0
R_3	1M	2季	2
R_4	1M	2季	2

确认订购

确认订购后，左侧信息栏的原料订单信息将发生改变，如图：

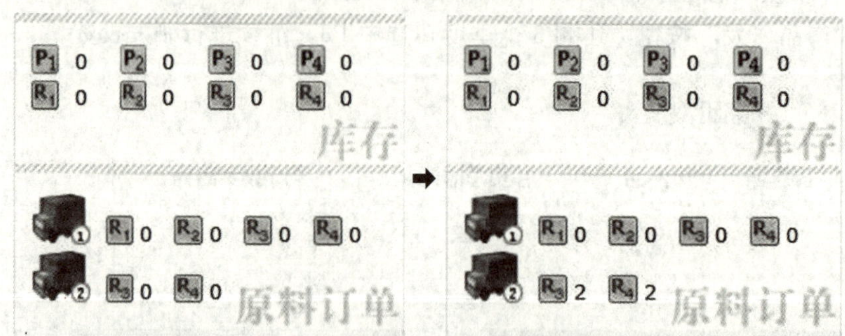

5. “购置厂房”按钮不需要时，可以不去点击操作。

6. “新建生产线”按钮不需要时，可以不去点击操作。

7. 点击“在建生产线”按钮，两条柔性线还剩 2 个季度建设期，如下图。

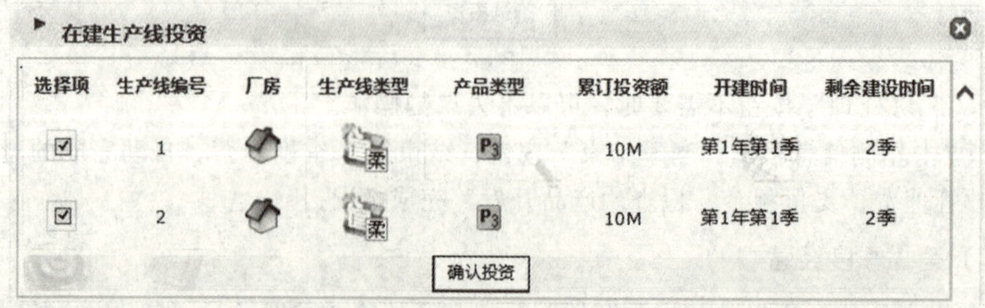

在建生产线投资

选择项	生产线编号	厂房	生产线类型	产品类型	累订投资额	开建时间	剩余建设时间
☑	1		柔	P_3	10M	第1年第1季	2季
☑	2		柔	P_3	10M	第1年第1季	2季

确认投资

选中两条柔性线，点击“确认投资”。

8. “生产线转产”按钮不需要时，可以不去点击操作。

9. “变卖生产线”按钮不需要时，可以不去点击操作。

10. “下一批生产”按钮不需要时，可以不去点击操作。

11. 点击“应收款更新”按钮，在弹出的窗口中点“确认更新”。

12. “按订单交货”按钮不需要时，可以不去点击操作。

13. 点击“产品研发”按钮，还剩 2 个季度，选中 P3，继续进行研发投资。

产品研发投资

操作项	产品	投资总时间	剩余投资时间
☐	P_1	2季	
☐	P_2	3季	
☑	P_3	4季	2季
☐	P_4	5季	

确认投资

14. “厂房处理”按钮不需要时，可以不去点击操作。

15. 点击左侧信息栏的“当季结束”按钮，结束第 3 季度经营。自动完成的过程包括支付行政管理费、支付租金、检查“产品开发”完成情况。

（五）第 4 季度经营

1. 点击左侧信息栏里的“当季开始”按钮，开始第 4 季度经营。自动完成的过程包括还本付息/更新短贷款、更新生产/完工入库、生产线完工/转产完工。

2. “申请短贷”按钮不需要时，可以不去点击操作。

3. 点击“更新原料库”，第 1、2 季度无订购原料，3 季度订购 R3、R4，而 R3、R4 订购周期为 2 个季度，未到货现付金额为 0。在弹出的窗口中，点击“确认更新”按键。

4. 点击“下原料订单”按钮，订购 R1、R3、R4 原料分别为 2 个。

下原料订单

原料	价格	提前期	订购量
R_1	1M	1季	2
R_2	1M	1季	0
R_3	1M	2季	2
R_4	1M	2季	2

确认订购

确认订购后，左侧信息栏的原料订单信息将发生改变，如图：

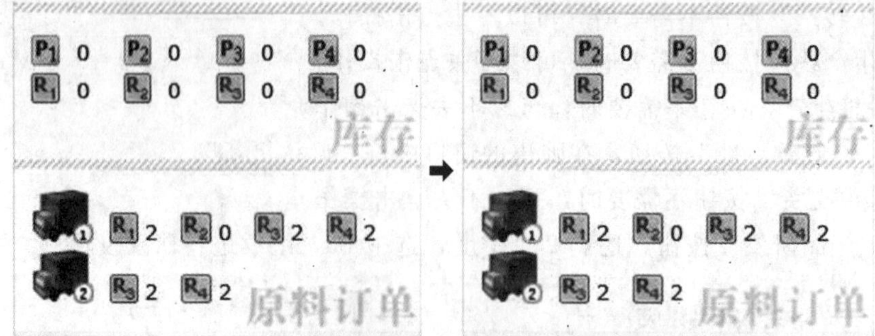

5. “购置厂房”按钮不需要时，可以不去点击操作。

6. “新建生产线”按钮不需要时，可以不去点击操作。

7. 点击“在建生产线”按钮，两条柔性线还剩 1 个季度建设期，如下图。

在建生产线投资

选择项	生产线编号	厂房	生产线类型	产品类型	累订投资额	开建时间	剩余建设时间
☑	1		柔	P3	15M	第1年第1季	1季
☑	2		柔	P3	15M	第1年第1季	1季

确认投资

选中两条柔性线，点击“确认投资”。确认后，打开左侧的企业信息栏，把鼠标放到生产线上面，稍停顿一下，出现一个提示信息窗：

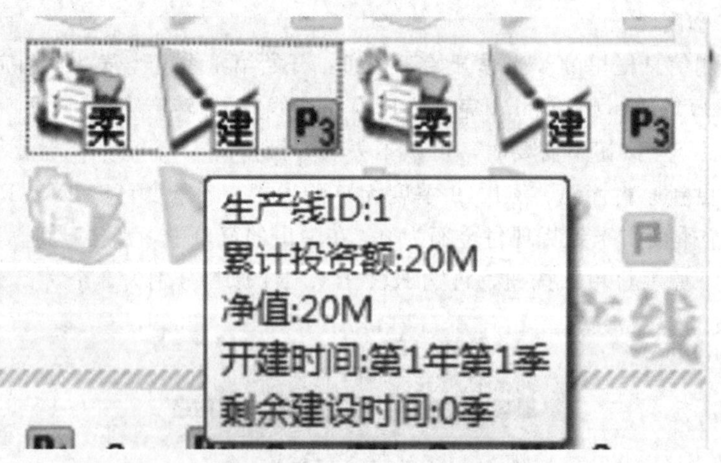

8. “生产线转产”按钮不需要时，可以不去点击操作。

9. “变卖生产线”按钮不需要时，可以不去点击操作。

10. “下一批生产”按钮不需要时，可以不去点击操作。

11. 点击“应收款更新”按钮，在弹出的窗口中点“确认更新”。

12. 点击“确认更新”按键后，操作区界面如下图。

原本灰色的“市场开拓”和“ISO 投资”变亮，说明可以去进行市场开拓和 ISO 投资建设了。

13. “按订单交货”按钮不需要时，可以不去点击操作。

14. 点击“产品研发”按钮，选中 P3，还剩 1 个季度，继续进行研发投资。

产品研发投资

操作项	产品	投资总时间	剩余投资时间
☐	P1	2季	
☐	P2	3季	
☑	P3	4季	1季
☐	P4	5季	

确认投资

15. “厂房处理”按钮不需要时，可以不去点击操作。

(六) 年末经营

1. 点击“市场开拓”按钮。

市场开拓投资

操作项	市场名称	投资总时间	剩余投资时间
☐	本地	1年	
☐	区域	1年	
☐	国内	2年	
☐	亚洲	3年	
☐	国际	4年	

确认投资

选中本地、区域、国内、亚洲、国际市场，投资开拓市场。

市场开拓投资

操作项	市场名称	投资总时间	剩余投资时间
☑	本地	1年	
☑	区域	1年	
☑	国内	2年	
☑	亚洲	3年	
☑	国际	4年	

确认投资

2. 点击“ISO 投资”按钮。选中 ISO9000，投资 ISO9K 研发。

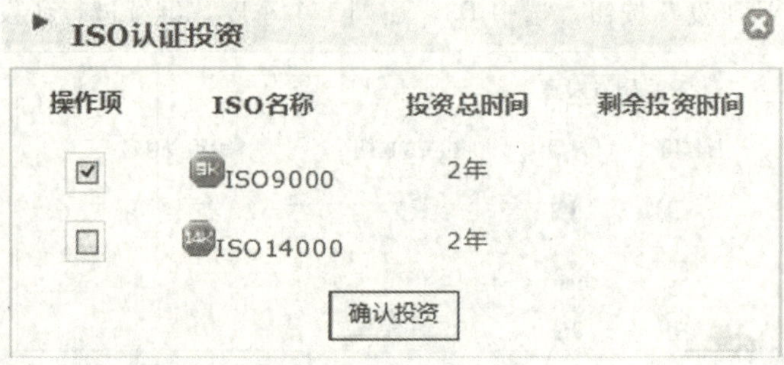

ISO认证投资

操作项	ISO名称	投资总时间	剩余投资时间
☑	ISO9000	2年	
☐	ISO14000	2年	

确认投资

点击左侧的研发认证信息，查看 9K 的研发情况。

3. 点击“当年结束”按钮，结束本年度所有经营。自动完成的过程包括支付行政管理费、支付租金、检查“产品开发”完成情况、检测“新市场开拓、ISO 资格认证投资”完成情况、支付设备维修费、计提折旧、违约扣款。

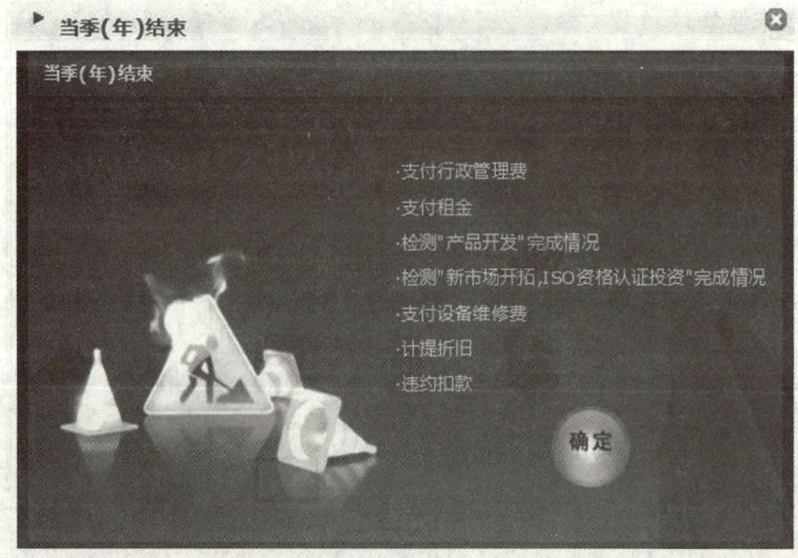

“确定”后，操作区界面会发生改变，如下图：

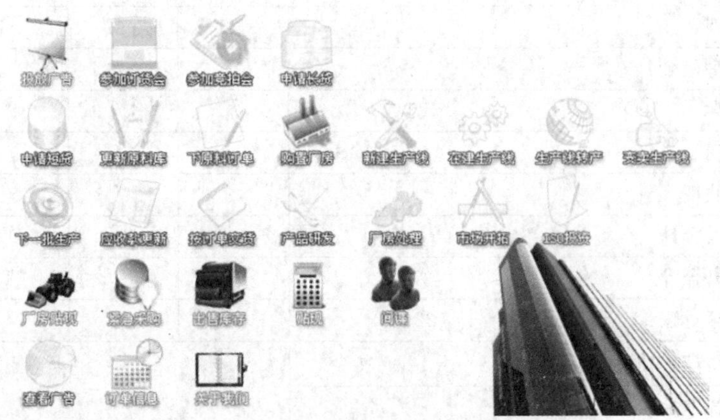

注意：①财务报表的填写，在第1年点击“当年结束”后填写。

②请不要投放第2年的广告，请在投放广告前填写财务报表。

(七) 起始模拟经营年企业经营记录表

企业经营记录表

组别：__________ 第__________年　　　记录人：__________ 职务：__________

企业经营流程 请按顺序执行下列各项操作。		每执行完一项操作，请在相应的方格内打勾。 同时在方格中填写现金收支情况，收入用＋，支出用－。			
年初	年初规划会议/现金盘点	60			
	广告投放	√			
	参加订货会选订单/登记订单	√			
	支付应付税	√			
	支付长贷利息	√			
	更新长期贷款/长期贷款还款	√			
	申请长期贷款	60			
1	季初盘点（请填余额）	120	98	86	74
2	更新短期贷款/短期贷款还本付息	√	√	√	√
3	申请短期贷款	20	√	√	√
4	原材料入库/更新原料订单	√	√	√	√
5	下原料订单	√	√	1R3 1R4	1R11R3 1R4
6	购买/租用——厂房	－30	√	√	√
7	更新生产/完工入库	√	√	√	√
8	新建/在建/转产/变卖——生产线	－10	－10	－10	－10
9	紧急采购（随时进行）	√	√	√	√
10	开始下一批生产	√	√	√	√
11	更新应收款/应收款收现	√	√	√	√
12	按订单交货	√	√	√	√
13	产品研发投资	－1	－1	－1	－1
14	厂房——出售（买转租）/退租/租转买	√	√	√	√

15	支付管理费	−1	−1	−1	−1
16	更新厂房租金	√	√	√	√
17	出售库存	√	√	√	√
18	厂房贴现	√	√	√	√
19	应收款贴现	√	√	√	√
20	季末收入合计	20	0	0	0
21	季末支出合计	−42	−12	−12	−12
22	季末数额对账［(1)＋(21)＋(22)］	98	86	74	62
年末	缴纳违约订单罚款				0
	支付设备维护费				0
	计提折旧				(0)
	新市场开拓				−5
	ISO资格投资				−1
	结账				56

（八）起始模拟经营年综合管理费用明细表

项目	金额	备注
管理费	4	
广告费	0	
维修费	0	
租　金	0	
转产费	0	
市场准入	5	√本地√区域√国内√亚洲√国际
ISO资格认证	1	√ ISO9000　□1SO14000
产品研发	4	P1（　）P2（　）P3（4）P4（　）
其　他	0	
合　计	14	

（九）起始模拟经营年利润表/损益表

项目	金额
销售收入	0
直接成本	0
毛利	0
综合费用	14
折旧前利润	−14
折旧	0
支付利息前利润	−14

财务支出	0
税前利润	−14
所得税	0
净利润	−14

（十）起始模拟经营年资产负债表

项目	金额	项目	金额
现金	56	长期负债	60
应收款	0	短期负债	20
在制品	0	所得税	0
产成品	0	——	——
原材料	0	——	——
流动资产合计	56	**负债合计**	80
厂房	30	股东资本	60
生产线	0	利润留存	0
在建工程	40	年度净利	−14
固定资产合计	70	**所有者权益合计**	46
资产总计	126	**负债和所有者权益总计**	126

★补充事项：

1. 操作区的 

为经营过程中随时可以进行点击操作的图标。

2. 点击“投放广告”，填写上广告金额。

投放广告

产品/市场	本地	区域	国内	亚洲	国际
P_1	0	0	0	0	0
P_2	0	0	0	0	0
P_3	3	3	0	0	0
P_4	0	0	0	0	0

确认投放

3. 点击“确认投放”，将会开始第 2 年的经营。自动完成的过程包括支付广告费、支付所得税、还本付息 /更新长期贷款。

4. 等待全部企业完成企业经营后，裁判开始召开产品订货会。点击“参加订货会”，进入第 2 年的产品订货会现场。

5. 在产品订货会现场，所有的市场和所有的产品都依次开始。订货会窗口分为左右两半窗口，左侧为各企业广告投放的会场情况，右侧为客户的产品需求的订单。在选择的过程中，可根据自己企业的选择情况，可以点击右上角的“按总价降序”、“按数量降序”、“按单价降序”以方便产品的选择。

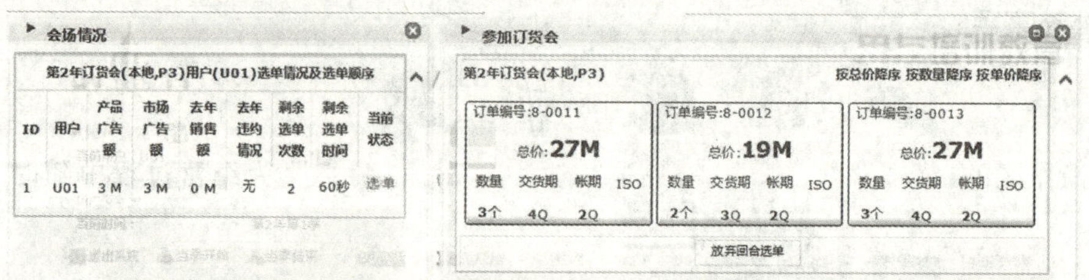

在选择时，鼠标点击右侧窗口中相应的订单（红色表示不能选择，白底绿字表示能选）。点击后，弹出相应的窗口：

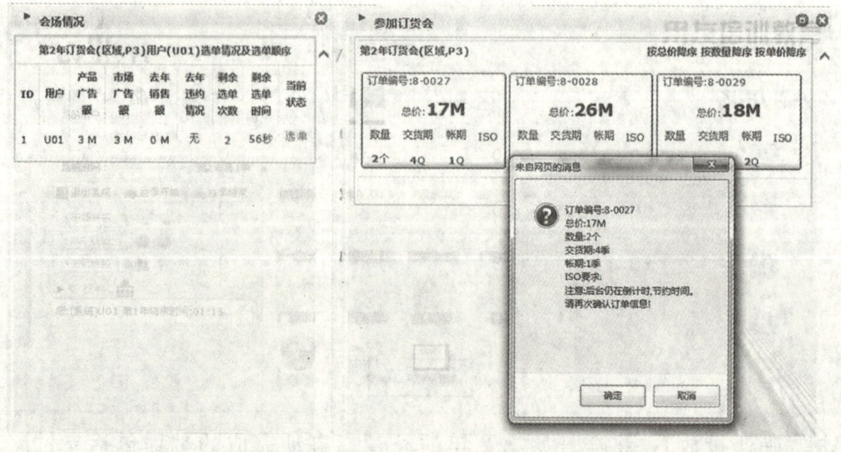

点击“确定”后，将弹出选单操作成功的窗口。

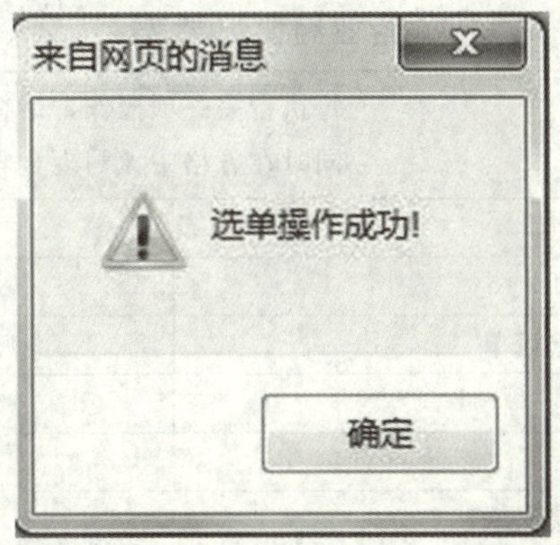

因为网络会有延迟，一定不要等到 10 秒内再选，有可能订单丢失。所以，开始订货会以前，就要成员间讨论自己企业想要什么样的订单，有个大体的方向性后，在选单的时候，就比较轻松，不会出现最后几秒选订单的情形了。

请大家再回顾下创业者电子沙盘的运营流程，现在，裁判把后台重新初始化一下，大家再重新从头开始体验一下创业者电子沙盘的企业运营流程！

四、企业正式经营第一年

股东资本为 60M。接下来，团队成员先分析下表的市场预测，商量下企业如何经营、如何发展等的企业经营策略，然后等待裁判的指令！

队伍要求	8					
需求量		产品				
年份	市场	P1	P2	P3	P4	总计
2	本地	23	16	8	13	60
	区域	19	12	7	15	53
2 汇总		42	28	15	28	113
3	本地	12	18	10	15	55
	区域	12	17	7	16	52
	国内	9	18	8	7	42
3 汇总		33	53	25	38	149
4	本地	15	16	12	7	50
	区域	10	16	12	17	55
	国内	13	13	9	10	45
	亚洲	14	11	6	9	40
4 汇总		52	56	39	43	190
5	本地	13	11	12	8	44
	区域	11	16	14	5	46
	国内	10	11	11	7	39
	亚洲	8	5	13	8	34
	国际	12	12	9		33
5 汇总		54	55	59	28	196
6	本地	18	18	19	9	64
	区域	14	23	10	11	58
	国内	25	10	14	6	55
	亚洲	19	11	15	6	51
	国际	16	9	14		39
6 汇总		92	71	72	32	267
总计		273	263	210	169	915

队伍要求	8					
均价		产品				
订单年份	市场	P1	P2	P3	P4	总计
2	本地	4.23	6.05	9.17	12.27	7.69
	区域	4.13	6.77	8.72	10.30	7.41
2 汇总		4.19	6.36	8.94	11.28	7.56
3	本地	4.60	6.10	8.19	10.43	6.88
	区域	4.28	6.15	7.90	10.42	7.04
	国内	4.67	6.48	8.11	10.46	7.10
3 汇总		4.53	6.24	8.09	10.43	7.00
4	本地	4.74	6.33	8.25	9.58	7.06
	区域	5.00	6.28	7.94	9.77	7.35
	国内	4.62	6.23	8.13	9.42	6.99
	亚洲	4.90	6.13	8.33	10.25	6.96
4 汇总		4.82	6.25	8.14	9.76	7.10
5	本地	5.87	6.75	7.83	9.75	7.35
	区域	5.37	6.89	8.04	9.60	7.32
	国内	5.58	6.81	7.64	9.00	7.10
	亚洲	5.89	6.42	8.06	9.33	7.33
	国际	5.89	7.21	8.45		7.02
5 汇总		5.74	6.84	7.98	9.40	7.23
6	本地	5.66	6.56	8.90	9.56	7.67
	区域	6.20	6.65	7.63	10.08	7.44
	国内	5.63	6.63	8.00	9.33	6.98
	亚洲	5.98	6.50	7.82	9.67	7.23
	国际	6.10	6.97	8.32		7.14
汇总		5.89	6.66	8.15	9.69	7.29
总计		5.14	6.50	8.17	10.18	7.23

1. 第1年企业经营记录表

企业经营记录表

企业经营流程 请按顺序执行下列各项操作。		每执行完一项操作，请在相应的方格内打勾。 同时在方格中填写现金收支情况，收入用＋，支出用－。			
年初	年初规划会议/现金盘点				
	广告投放				
	参加订货会选订单/登记订单				
	支付应付税				
	支付长贷利息				
	更新长期贷款/长期贷款还款				
	申请长期贷款				
1	季初盘点（请填余额）				
2	更新短期贷款/短期贷款还本付息				
3	申请短期贷款				
4	原材料入库/更新原料订单				
5	下原料订单				
6	购买/租用——厂房				
7	更新生产/完工入库				
8	新建/在建/转产/变卖——生产线				
9	紧急采购（随时进行）				
10	开始下一批生产				
11	更新应收款/应收款收现				
12	按订单交货				
13	产品研发投资				
14	厂房——出售（买转租）/退租/租转买				
15	支付管理费				
16	更新厂房租金				
17	出售库存				
18	厂房贴现				
19	应收款贴现				
20	季末收入合计				
21	季末支出合计				
22	季末数额对账［（1）＋（21）＋（22）］				
年末	缴纳违约订单罚款				
	支付设备维护费				
	计提折旧				（　　）
	新市场开拓				
	ISO资格投资				
	结账				

2. 第 1 年财务报表

（1）第 1 年综合管理费用明细表

项目	金额	备注
管理费		
广告费		
维修费		
租　金		
转产费		
市场准入		□本地□区域□国内□亚洲□国际
ISO 资格认证		□ ISO9000　　□1SO14000
产品研发		P1（　）P2（　　）P3（　）P4（　）
其　他		
合　计		

（2）第 1 年利润表/损益表

项目	金额
销售收入	
直接成本	
毛利	
综合费用	
折旧前利润	
折旧	
支付利息前利润	
财务支出	
税前利润	
所得税	
净利润	

（3）第 1 年资产负债表

项目	金额	项目	金额
现金		长期负债	
应收款		短期负债	
在制品		应交所得税	
产成品		——	——
原材料		——	——
流动资产合计		负债合计	

厂房		股东资本	
生产线		利润留存	
在建工程		年度净利	
固定资产合计		**所有者权益合计**	
资产总计		**负债和所有者权益总计**	

3. 第 1 年笔记事项

____

____

____

____

____

____

五、企业正式经营第二年

1. 第 2 年广告费投放

组别：______ 第______年

市场 / 产品	本地	区域	国内	亚洲	国际
P1					
P2					
P3					
P4					

2. 第 2 年订单登记表

订单号										合计
市场										
产品										
数量										
账期										
销售额										
成本										
毛利										
未售										

3. 第 2 年企业经营记录表

企业经营记录表

企业经营流程 请按顺序执行下列各项操作。		每执行完一项操作，请在相应的方格内打勾。 同时在方格中填写现金收支情况，收入用＋，支出用－。			
年初	年初规划会议/现金盘点				
	广告投放				
	参加订货会选订单/登记订单				
	支付应付税				
	支付长贷利息				
	更新长期贷款/长期贷款还款				
	申请长期贷款				
1	季初盘点（请填余额）				
2	更新短期贷款/短期贷款还本付息				
3	申请短期贷款				
4	原材料入库/更新原料订单				
5	下原料订单				
6	购买/租用——厂房				
7	更新生产/完工入库				
8	新建/在建/转产/变卖——生产线				
9	紧急采购（随时进行）				
10	开始下一批生产				
11	更新应收款/应收款收现				
12	按订单交货				
13	产品研发投资				
14	厂房——出售（买转租）/退租/租转买				
15	支付管理费				
16	更新厂房租金				
17	出售库存				
18	厂房贴现				
19	应收款贴现				
20	季末收入合计				
21	季末支出合计				
22	季末数额对账［(1)＋(21)＋(22)］				
年末	缴纳违约订单罚款				
	支付设备维护费				
	计提折旧				（　）
	新市场开拓				
	ISO 资格投资				
	结账				

4. 第2年产品销售核算表

项目＼产品	P1	P2	P3	P4	合计
数量					
销售额					
成本					
毛利					

5. 第2年财务报表

（1）第2年综合管理费用明细表

项目	金额	备注
管理费		
广告费		
维修费		
租　金		
转产费		
市场准入		□本地□区域□国内□亚洲□国际
ISO资格认证		□ ISO9000　□1SO14000
产品研发		P1（　）P2（　）P3（　）P4（　）
其　他		
合　计		

（2）第2年利润表/损益表

项目	金额
销售收入	
直接成本	
毛利	
综合费用	
折旧前利润	
折旧	
支付利息前利润	
财务支出	
税前利润	
所得税	
净利润	

（3）第 2 年资产负债表

项目	金额	项目	金额
现金		长期负债	
应收款		短期负债	
在制品		应交所得税	
产成品		—	—
原材料		—	—
流动资产合计		负债合计	
厂房		股东资本	
生产线		利润留存	
在建工程		年度净利	
固定资产合计		所有者权益合计	
资产总计		负债和所有者权益总计	

3. 第 2 年笔记事项

六、企业正式经营第三年

1. 第 3 年广告费投放

组别：________ 第______年

市场 产品	本地	区域	国内	亚洲	国际
P1					
P2					
P3					
P4					

2. 第3年订单登记表

订单号											合计
市场											
产品											
数量											
账期											
销售额											
成本											
毛利											
未售											

3. 第3年企业经营记录表

企业经营记录表

企业经营流程 请按顺序执行下列各项操作。		每执行完一项操作，请在相应的方格内打勾。 同时在方格中填写现金收支情况，收入用＋，支出用－。			
年初	年初规划会议/现金盘点				
	广告投放				
	参加订货会选订单/登记订单				
	支付应付税				
	支付长贷利息				
	更新长期贷款/长期贷款还款				
	申请长期贷款				
1	季初盘点（请填余额）				
2	更新短期贷款/短期贷款还本付息				
3	申请短期贷款				
4	原材料入库/更新原料订单				
5	下原料订单				
6	购买/租用——厂房				
7	更新生产/完工入库				
8	新建/在建/转产/变卖——生产线				
9	紧急采购（随时进行）				
10	开始下一批生产				
11	更新应收款/应收款收现				
12	按订单交货				
13	产品研发投资				
14	厂房——出售（买转租）/退租/租转买				

15	支付管理费				
16	更新厂房租金				
17	出售库存				
18	厂房贴现				
19	应收款贴现				
20	季末收入合计				
21	季末支出合计				
22	季末数额对账［(1) ＋ (21) ＋ (22)］				
年末	缴纳违约订单罚款				
	支付设备维护费				
	计提折旧				( )
	新市场开拓				
	ISO 资格投资				
	结账				

4. 第 3 年产品销售核算表

项目＼产品	P1	P2	P3	P4	合计
数量					
销售额					
成本					
毛利					

5. 第 3 年财务报表

(1) 第 3 年综合管理费用明细表

项目	金额	备注
管理费		
广告费		
维修费		
租　金		
转产费		
市场准入		□本地□区域□国内□亚洲□国际
ISO 资格认证		□ ISO9000　　□1SO14000
产品研发		P1 (　) P2 (　　) P3 (　) P4 (　)
其　他		
合　计		

（2）第 3 年利润表/损益表

项目	金额
销售收入	
直接成本	
毛利	
综合费用	
折旧前利润	
折旧	
支付利息前利润	
财务支出	
税前利润	
所得税	
净利润	

（3）第 3 年资产负债表

项目	金额	项目	金额
现金		长期负债	
应收款		短期负债	
在制品		应交所得税	
产成品		——	——
原材料		——	——
流动资产合计		负债合计	
厂房		股东资本	
生产线		利润留存	
在建工程		年度净利	
固定资产合计		所有者权益合计	
资产总计		负债和所有者权益总计	

3. 第 3 年笔记事项

七、企业正式经营第四年

1. 第 4 年广告费投放

组别：＿＿＿＿＿＿　　第＿＿＿＿＿年

市场 产品	本地	区域	国内	亚洲	国际
P1					
P2					
P3					
P4					

2. 第 4 年订单登记表

订单号											合计
市场											
产品											
数量											
账期											
销售额											
成本											
毛利											
未售											

3. 第 4 年企业经营记录表

企业经营记录表

企业经营流程 请按顺序执行下列各项操作。		每执行完一项操作，请在相应的方格内打勾。 同时在方格中填写现金收支情况，收入用＋，支出用－。			
年初	年初规划会议/现金盘点				
	广告投放				
	参加订货会选订单/登记订单				
	支付应付税				
	支付长贷利息				
	更新长期贷款/长期贷款还款				
	申请长期贷款				
1	季初盘点（请填余额）				

2	更新短期贷款/短期贷款还本付息				
3	申请短期贷款				
4	原材料入库/更新原料订单				
5	下原料订单				
6	购买/租用——厂房				
7	更新生产/完工入库				
8	新建/在建/转产/变卖——生产线				
9	紧急采购（随时进行）				
10	开始下一批生产				
11	更新应收款/应收款收现				
12	按订单交货				
13	产品研发投资				
14	厂房——出售（买转租）/退租/租转买				
15	支付管理费				
16	更新厂房租金				
17	出售库存				
18	厂房贴现				
19	应收款贴现				
20	季末收入合计				
21	季末支出合计				
22	季末数额对账［（1）＋（21）＋（22）］				
年末	缴纳违约订单罚款				
	支付设备维护费				
	计提折旧				（　）
	新市场开拓				
	ISO 资格投资				
	结账				

4. 第 4 年产品销售核算表

产品 项目	P1	P2	P3	P4	合计
数量					
销售额					
成本					
毛利					

5. 第 4 年财务报表

(1) 第 4 年综合管理费用明细表

项目	金额	备注
管理费		
广告费		
维修费		
租　金		
转产费		
市场准入		□本地□区域□国内□亚洲□国际
ISO 资格认证		□ ISO9000　□1SO14000
产品研发		P1 ( ) P2 ( ) P3 ( ) P4 ( )
其　他		
合　计		

(2) 第 4 年利润表/损益表

项目	金额
销售收入	
直接成本	
毛利	
综合费用	
折旧前利润	
折旧	
支付利息前利润	
财务支出	
税前利润	
所得税	
净利润	

(3) 第 4 年资产负债表

项目	金额	项目	金额
现金		长期负债	
应收款		短期负债	
在制品		特别贷款	
产成品		所得税	
原材料		——	——
流动资产合计		负债合计	

厂房		股东资本	
生产线		利润留存	
在建工程		年度净利	
固定资产合计		**所有者权益合计**	
资产总计		**负债和所有者权益总计**	

3. 第 4 年笔记事项

八、企业正式经营第五年

1. 第 5 年广告费投放

组别：＿＿＿＿＿＿ 第＿＿＿＿＿ 年

市场 产品	本地	区域	国内	亚洲	国际
P1					
P2					
P3					
P4					

2. 第 5 年订单登记表

订单号											合计
市场											
产品											
数量											
账期											
销售额											
成本											
毛利											
未售											

3. 第 5 年企业经营记录表

企业经营记录表

企业经营流程 请按顺序执行下列各项操作。		每执行完一项操作，请在相应的方格内打勾。 同时在方格中填写现金收支情况，收入用＋，支出用－。			
年初	年初规划会议/现金盘点				
	广告投放				
	参加订货会选订单/登记订单				
	支付应付税				
	支付长贷利息				
	更新长期贷款/长期贷款还款				
	申请长期贷款				
1	季初盘点（请填余额）				
2	更新短期贷款/短期贷款还本付息				
3	申请短期贷款				
4	原材料入库/更新原料订单				
5	下原料订单				
6	购买/租用——厂房				
7	更新生产/完工入库				
8	新建/在建/转产/变卖——生产线				
9	紧急采购（随时进行）				
10	开始下一批生产				
11	更新应收款/应收款收现				
12	按订单交货				
13	产品研发投资				
14	厂房——出售（买转租）/退租/租转买				
15	支付管理费				
16	更新厂房租金				
17	出售库存				
18	厂房贴现				
19	应收款贴现				
20	季末收入合计				
21	季末支出合计				
22	季末数额对账［(1)＋(21)＋(22)］				
年末	缴纳违约订单罚款				
	支付设备维护费				
	计提折旧				(　　)
	新市场开拓				
	ISO 资格投资				
	结账				

4. 第5年产品销售核算表

产品 项目	P1	P2	P3	P4	合计
数量					
销售额					
成本					
毛利					

5. 第5年财务报表

（1）第5年综合管理费用明细表

项目	金额	备注
管理费		
广告费		
维修费		
租　金		
转产费		
市场准入		□本地□区域□国内□亚洲□国际
ISO资格认证		□ ISO9000　□ISO14000
产品研发		P1（　）P2（　）P3（　）P4（　）
其　他		
合　计		

（2）第5年利润表/损益表

项目	金额
销售收入	
直接成本	
毛利	
综合费用	
折旧前利润	
折旧	
支付利息前利润	
财务支出	
税前利润	
所得税	
净利润	

（3）第 5 年资产负债表

项目	金额	项目	金额
现金		长期负债	
应收款		短期负债	
在制品		应交所得税	
产成品		——	——
原材料		——	——
流动资产合计		**负债合计**	
厂房		股东资本	
生产线		利润留存	
在建工程		年度净利	
固定资产合计		**所有者权益合计**	
资产总计		**负债和所有者权益总计**	

3. 第 5 年笔记事项

九、企业正式经营第六年

1. 第 6 年广告费投放

组别：________　第________年

产品＼市场	本地	区域	国内	亚洲	国际
P1					
P2					
P3					
P4					

2. 第6年订单登记表

订单号											合计
市场											
产品											
数量											
账期											
销售额											
成本											
毛利											
未售											

3. 第6年企业经营记录表

企业经营记录表

企业经营流程 请按顺序执行下列各项操作。		每执行完一项操作，请在相应的方格内打勾。 同时在方格中填写现金收支情况，收入用＋，支出用－。			
年初	年初规划会议/现金盘点				
	广告投放				
	参加订货会选订单/登记订单				
	支付应付税				
	支付长贷利息				
	更新长期贷款/长期贷款还款				
	申请长期贷款				
1	季初盘点（请填余额）				
2	更新短期贷款/短期贷款还本付息				
3	申请短期贷款				
4	原材料入库/更新原料订单				
5	下原料订单				
6	购买/租用——厂房				
7	更新生产/完工入库				
8	新建/在建/转产/变卖——生产线				
9	紧急采购（随时进行）				
10	开始下一批生产				
11	更新应收款/应收款收现				
12	按订单交货				
13	产品研发投资				
14	厂房——出售（买转租）/退租/租转买				

15	支付管理费				
16	更新厂房租金				
17	出售库存				
18	厂房贴现				
19	应收款贴现				
20	季末收入合计				
21	季末支出合计				
22	季末数额对账［(1) ＋ (21) ＋ (22)］				
年末	缴纳违约订单罚款				
	支付设备维护费				
	计提折旧				(　)
	新市场开拓				
	ISO资格投资				
	结账				

4. 第6年产品销售核算表

产品 项目	P1	P2	P3	P4	合计
数量					
销售额					
成本					
毛利					

5. 第6年财务报表

（1）第6年综合管理费用明细表

项目	金额	备注
管理费		
广告费		
维修费		
租　金		
转产费		
市场准入		□本地□区域□国内□亚洲□国际
ISO资格认证		□ ISO9000　□1SO14000
产品研发		P1（　）P2（　）P3（　）P4（　）
其　他		
合　计		

(2) 第 6 年利润表/损益表

项目	金额
销售收入	
直接成本	
毛利	
综合费用	
折旧前利润	
折旧	
支付利息前利润	
财务支出	
税前利润	
所得税	
净利润	

(3) 第 6 年资产负债表

项目	金额	项目	金额
现金		长期负债	
应收款		短期负债	
在制品		应交所得税	
产成品		——	——
原材料		——	——
流动资产合计		**负债合计**	
厂房		股东资本	
生产线		利润留存	
在建工程		年度净利	
固定资产合计		**所有者权益合计**	
资产总计		**负债和所有者权益总计**	

3. 第 6 年笔记事项

5.2 新创业者经营

新创业者电子沙盘，是新道科技在创业者电子沙盘的基础上，糅合了当前较新的全视角、易操作的思维，组织开发的。和创业者电子沙盘相比，新创业者电子沙盘界面更直观，包含的内容和功能也都有所升级。教师在后台进行相应的参数设置后，可以实现新创业者电子沙盘和物理沙盘的对接。

为适应新创业者电子沙盘的新界面，在此，股东资本设定为80M（熟悉后，可根据不同情况不同设定）。

一、经营规则介绍

1. 生产线

生产线	购置费	安装周期	生产周期	总转产费	转产周期	维修费	残值
手工线	5M	无	3Q	无	无	0W/年	2W
半自动线	10W	1Q	2Q	2W	1Q	1W/年	2W
自动线	15M	3Q	1Q	2W	1Q	2W/年	3W
柔性线	20M	4Q	1Q	无	无	2W/年	4W

不论何时出售生产线，从生产线净值中取出相当于残值的部分计入现金，净值与残值之差计入损失；只有空闲的生产线方可转产；已建成的生产线都要交维修。

2. 折旧（平均年限法）

生产线	购置费	残值	建成第1年	建成第2年	建成第3年	建成第4年	建成第5年
手工线	5W	1W	0W	1W	1W	1W	0W
半自动线	10W	2W	0W	2W	2W	2W	2W
自动线	15W	3W	0W	3W	3W	3W	3W
柔性线	20W	4W	0W	4W	4W	4W	4W

当生产线净值等于残值时生产线不再计提折旧，但可以继续使用。生产线建成第一年（当年）不计提折旧。

3. 融资

贷款类型	贷款时间	贷款额度	年息	还款方式
长期贷款	每年度初	所有贷款不超过上一年所有者权益的3倍，不低于10W	10%	年初付息，到期还本；
短期贷款	每季度初	所有贷款不超过上一年所有者权益的3倍，不低于10W	5%	到期一次还本付息；

资金贴现	任何时间	视应收款额	10%（1季，2季） 12.5%（3季，4季）	变现时贴息，可对1，2季应收联合贴现（3，4季同理）。
库存拍卖	原材料八折（向下取整），成品按成本价			

长期贷款期限为1—5年，短期贷款期限为四个季度（一年）。长期贷款借入当年不付息，第二年年初开始，每年按年利率支付利息，到期还本时，支付最后一年利息。短期贷款到期时，一次性还本付息。长期贷款和短期贷款均不可提前还款。如与参数有冲突，以参数为准。

4. 厂房

厂房	购买价格	租金	出售价格	容量
大厂房	40W	4W/年	40W	4条
小厂房	30W	3W/年	30W	3条

租用或购买厂房可以在任何季度进行。如果决定租用厂房或者厂房买转租，租金在开始租用时交付。厂房租入后，租期结束后才可作租转买、退租等处理，如果没有重新选择，系统自动做续租处理，租金在“当季结束”时和“行政管理费”一并扣除。如需新建生产线，则厂房须有空闲空间。当厂房中没有生产线，才可以选择退租。厂房合计购/租上限为4。已购厂房随时可以按原值出售（如有租金须付清后才可出售，否则无法出售），获得账期为4Q的应收款。

5. 市场准入

市场	开发费用	时间
本地	1W/年*1年=1W	1年
区域	1W/年*1年=1W	1年
国内	1W/年*2年=2W	2年
亚洲	1W/年*3年=3W	3年
国际	1W/年*4年=4W	4年

市场开拓，只能在每年第四季度操作。

6. 资格认证

市场	开发费用	时间
ISO9000	1W/年*2年=2W	2年
ISO14000	2W/年*2年=4W	2年

ISO认证，只能在每年第四季度操作。

7. 产品

名称	开发费用	开发周期	加工费	直接成本	产品组成
P1	1W/季＊2季＝2W	2季	1W/个	2W/个	R1
P2	1W/季＊3季＝3W	3季	1W/个	3W/个	R2＋R3
P3	1W/季＊4季＝4W	4季	1W/个	4W/个	R1＋R3＋R4
P4	1W/季＊4季＝5W	5季	1W/个	5W/个	R2＋R3＋2R4

8. 原料

名称	购买价格	提前期
R1	1M/个	1季
R2	1M/个	1季
R3	1M/个	2季
R4	1M/个	2季

9. 紧急采购

付款即到货，可马上投入生产或销售，原材料紧急采购价格为直接成本的2倍，成品紧急采购价格为直接成本的3倍。即：紧急采购R1或R2，每个原材料单价为2W/个，紧急采购P1单价为6W/个，紧急采购P2单价为9W/个。紧急采购原材料和产品时，直接扣除现金。上报报表时，成本仍然按照标准成本记录，紧急采购多付出的成本计入费用表“损失”。

10. 选单规则

以当年本市场本产品广告额投放大小顺序依次选单；如果两组本市场本产品广告额相同，则看当年本市场广告投放总额；如果当年本市场广告总额也相同，则看上年该市场销售排名；如仍相同，先投广告者先选单。如参数中选择有市场老大（某市场上年所有产品销售总和第一且该市场无违约，有若干队销售并列第一，则老大随机或可能无老大），老大有该市场所有产品优先选单权。第一年无订单。

提请注意：

●必须在倒计时大于5秒时选单，出现确认框要在3秒内按下确认按纽，否则可能造成选单无效。

●每组每轮选单只能先选择1张订单，待所有投放广告组完成第一轮选单后还有订单，该市场该产品广告额大于等于3W的组将获得第二轮选单机会，选单顺序和第一轮相同；第二轮选单完成后，该市场该产品广告额大于等于5W的组将获得第三轮选单机会，选单顺序和第一轮相同；以次类推。

●在某细分市场（如本地、P1）有多次选单机会，只要放弃一次，则视同放弃该细分市场所有选单机会。

●选单中有意外，请立即告知老师，老师会暂停倒计时。

11. 订单违约

订单必须在规定季或提前交货，应收账期从交货季开始算起。

12. 取整规则

违约金扣除——四舍五入；库存出售所得现金——向下取整；贴现费用——向上取整；贷款利息——四舍五入。

13. 特殊费用项目

库存折价拍卖、生产线变卖、紧急采购、订单违约、增减资（增资计损失为负）操作计入其他损失。

14. 重要参数

违约金比例	20.00%	贷款额倍数	3 倍
产品折价率	100.00%	原材料折价率	80.00%
长贷利率	10.00%	短贷利率	5.00%
1，2 期贴现率	10.00%	3，4 期贴现率	12.50%
初始现金	70 W	管理费	1 W
信息费	1 W	所得税率	25.00%
最大长贷年限	5 年	最小得单广告额	1 W
原材料紧急采购倍数	2 倍	产品紧急采购倍数	3 倍
选单时间	45 秒	首位选单补时	15 秒
市场同开数量	5	市场老大	无
竞单时间	90 秒	竞单同竞数	3
最大厂房数量	4 个		

16. 竞赛排名

完成预先规定的经营年限，将根据各队的最后分数进行评分，分数高者优胜。

总成绩=所有者权益×（1+企业综合发展潜力/100）－罚分

企业综合发展潜力如下：

项目	综合发展潜力系数
手工生产线	+5/条
半自动线	+7/条
全自动	+9/条
柔性线	+10/条
大厂房	+10/条
小厂房	+7/条
本地市场开发	+5
区域市场开发	+5
国内市场开发	+8
亚洲市场开发	+9

国际市场开发	+10
ISO9000	+8
ISO14000	+10
P1 产品开发	+7
P2 产品开发	+8
P3 产品开发	+9
P4 产品开发	+10

二、系统登录

1. 打开 IE 浏览器。

2. 在地址栏输入 http：//服务器 IP 地址，进入系统。

3. 和创业者不同，新创业者支持教师后台设置特性的用户名前缀，以第 1 组为例，比如 A01、B01、C01 等等，不再像创业者那样系统默认的是 U01。假设此处用户名前缀用 C 表示，则第 1 组即为 C01。首次登录的初始密码为“1”。第一次登录需要填写：所属学校、专业、班级、公司名称、各职位人员姓名（如有多人，可以在一个职位中输入两个以上的人员姓名）、公司宣言。登记确认后不可更改。务必重设密码。

4. 填好后，点击“确认注册”，进入企业模拟经营主页面。主页面主要包括了四部分，生产经营区、经营操作区、辅助操作区和信息区。生产经营区，可以开设四个厂房区，在厂房内可以安置各种机器设备；经营操作区，可以进行生产线安装、转产、出售等操作和下原料、厂房购置、开始生产等操作；辅助操作区，可以满足企业经营过程中的贴现、紧急采购、库存出售等操作；信息区，可以满足企业经营中对各种财务、研发、库存采购等信息的查询。

三、模拟起始年经营

在操作过程中，要做好企业运营记录表的记录。

（一）年初经营

点击年初操作区的“申请长贷”按钮，可以进行长期贷款的选择。

申请长贷

最大贷款额度 240w

需贷款年限 请选择年限

需贷款额 0 w

确认 取消

需贷款年限，系统预设有 1 年、2 年、3 年、4 年和 5 年，最大贷款额度系统设定为上年末企业所有者权益的 N 倍，N 具体为多少，由教师/裁判在参数设置中设定。需贷款额由企业在年度规划会议中根据企业运营规划确定，但不得超过最大贷款额度。长期贷款为分期付息，到期一次还本。年利率有教师/裁判在参数设置中设定。

点击“确认”后，贷款成功。同样，长期贷款可再次贷款。即长期贷款可以分不同的年限和不同的额度，重复操作。

（二）第 1 季度经营

1. 点击“当季开始”按钮，系统会弹出“当季开始”对话框，该操作完成后才能进入季度内的各项操作。同样，会自动完成的过程包括还本付息/更新短贷款、更新生产/完工入库（若已完工，则完工产品会自动进入产品库，可通过查询库存信息了解入库情况）、生产线完工/转产完工。

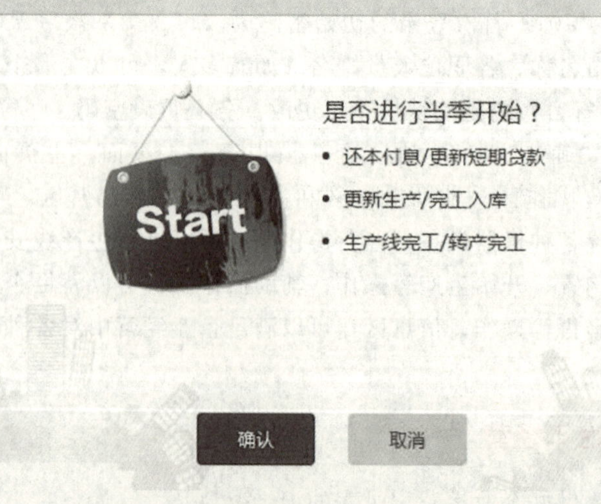

2. 申请短贷。点击主页面下方操作区中菜单“申请短贷”，弹出“申请短贷”对话框。在“需贷款额”后输入金额，点击确认即短贷成功。

同样，“申请短贷”按钮消失，说明短期贷款 1 个季度只能贷款一次，不能重复贷。

3. 点击主页面下方操作区中菜单“更新原料库”，弹出“更新原料”对话框，提示当前应入库原料需支付的现金。确认金额无误后，点击确认，系统扣除现金并增加原料库存。

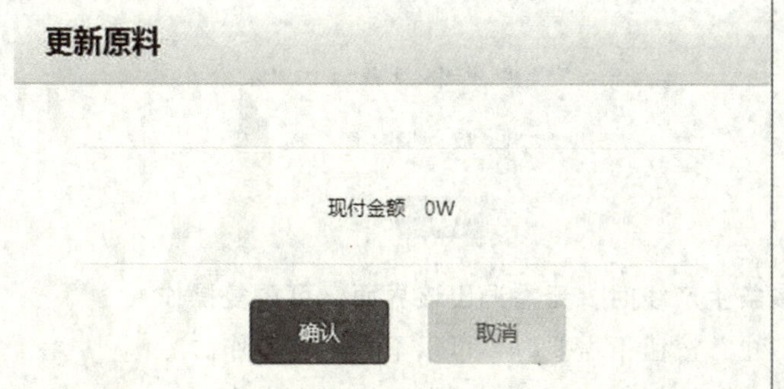

4. 点击“订购原料”后，如下图。数量中可以输入想订购的原料数量，点击“确认”。若无订购，保持数量 0 不变。

订购原料

原料	价格	运货期	数量
R1	1W	1季	0
R2	1W	1季	0
R3	1W	2季	0
R4	1W	2季	0

确认　取消

5. 点击主页面下方操作区中菜单“购置厂房”，弹出“购置厂房”对话框，点击下拉框选择厂房类型，下拉框中提示每种厂房的购买价格、租用价格等。选择订购方式，买或租。点击确认即可。

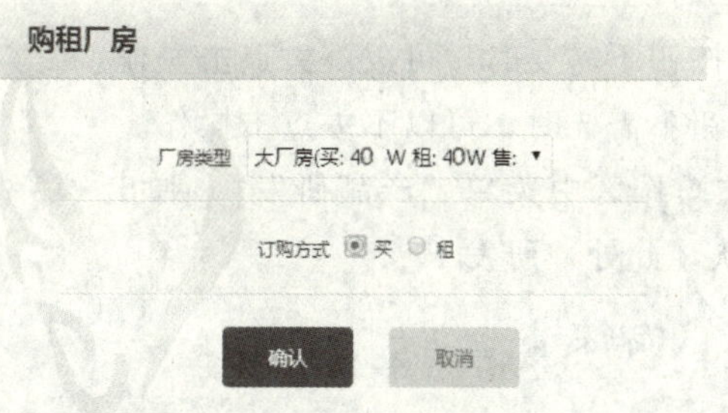

厂房类型根据需要选择大厂房或小厂房，订购方式可以根据需要选择买或租。厂房每季均可购入或租入。若选择购买，则需一次性支付购买价款，无后续费用；若选择租入，则需每年支付租金，租金支付时间为租入当时以及以后每年对应季度的季末。

6. 点击主页面下方操作区中菜单“新建生产线”，弹出“新建生产线”对话框。选择放置生产线的厂房，点击“类型”下拉框，选择要新建的生产线类型，下拉框中有生产线购买的价格信息，选择新建的生产线计划生产的产品类型。点击确认即可。此处，新建一条柔性生产线，产 P2。

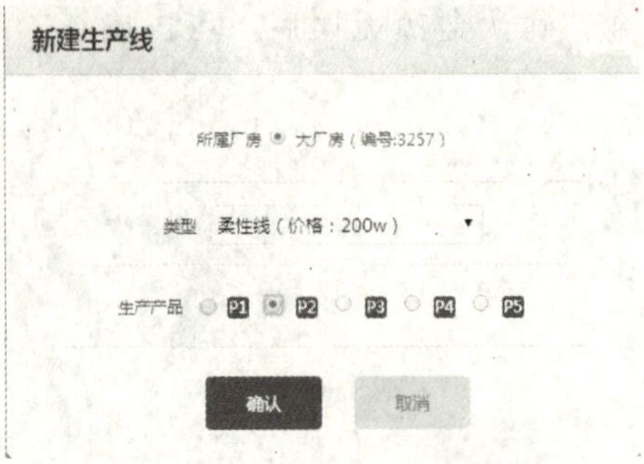

新建生产线

所属厂房 ◉ 大厂房（编号:3257）

类型 柔性线（价格：200w）

生产产品 ○ P1 ◉ P2 ○ P3 ○ P4 ○ P5

确认 取消

提醒：新建多条生产线时，无需退出该界面，可重复操作

7. “在建生产线”按钮不需要时，可以不去点击操作。

8. “生产线转产”按钮不需要时，可以不去点击操作。

9. “出售生产线”按钮不需要时，可以不去点击操作。

10. “开始生产”按钮不需要时，可以不去点击操作。

11. 点击主页面下方操作区中菜单“应收款更新”，弹出“应收款更新”对话框（图 2—11），点击确认即可。

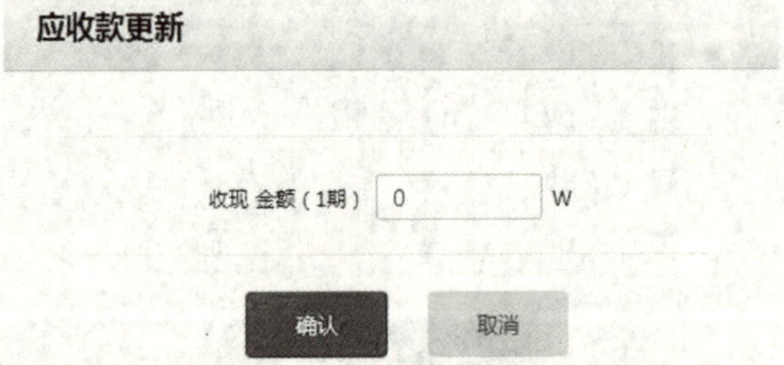

应收款更新

收现 金额（1期） 0 W

确认 取消

注意：应收款更新操作实质上是将企业所有的应收款项的减少 1 个收账期，它分为两个种情况，一是针对本季度尚未到期的应收款，系统会自动将其收账期减少 1 个季度，另一部分针对本季度到期的应收款，系统会自动计算并在“收现金额”框内显示，将其确认收到，系统自动增加企业的现金。

12. “按订单交货”按钮不需要时，可以不去点击操作。

13. “厂房处理”按钮不需要时，可以不去点击操作。

14. 点击主页面下方操作区中菜单“产品研发”，弹出“产品研发”对话框。勾选需要研发的产品，点击确认。此处，研发 P2。

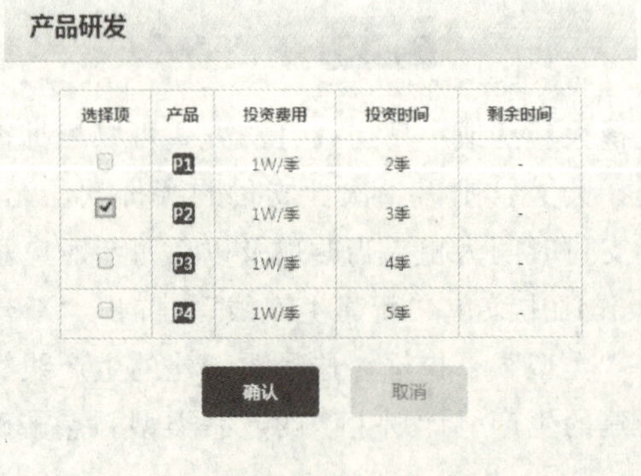

产品研发

选择项	产品	投资费用	投资时间	剩余时间
☐	P1	1W/季	2季	-
☑	P2	1W/季	3季	-
☐	P3	1W/季	4季	-
☐	P4	1W/季	5季	-

确认 取消

15. 点击主页面下方操作区中菜单“当季结束”，结束第 1 季度经营。自动完成的过程包括支付行政管理费、厂房续租租金、检查“产品开发”完成情况。

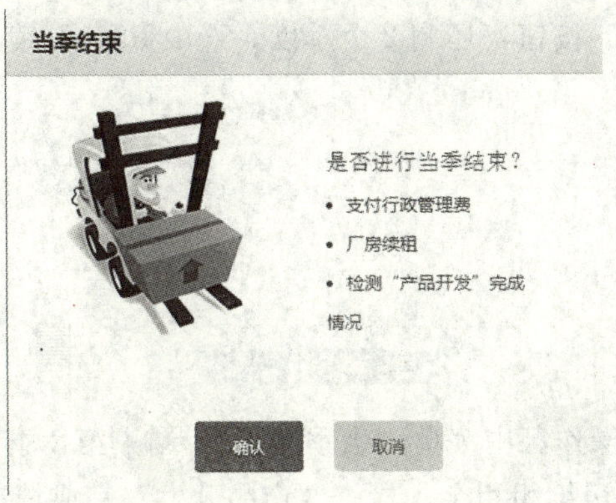

（三）第 2 季度经营

1. 点击“当季开始”按钮，系统弹出“当季开始”对话框。

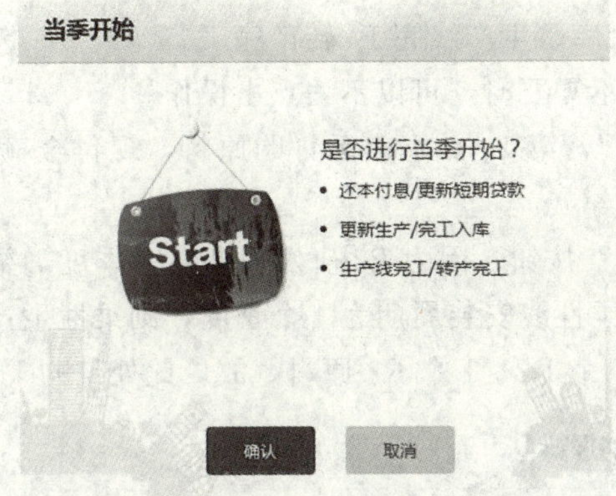

2. “申请短贷”按钮不需要时，可以不去点击操作。
3. 点击“更新原料库”，第 1 季度无订购原料，现付金额为 0。
4. “订购原料”按钮不需要时，可以不去点击操作。
5. “购置厂房”按钮不需要时，可以不去点击操作。
6. “新建生产线”按钮不需要时，可以不去点击操作。
7. 点击“在建生产线”按钮，柔性线还剩 3 个季度建设期，如下图。

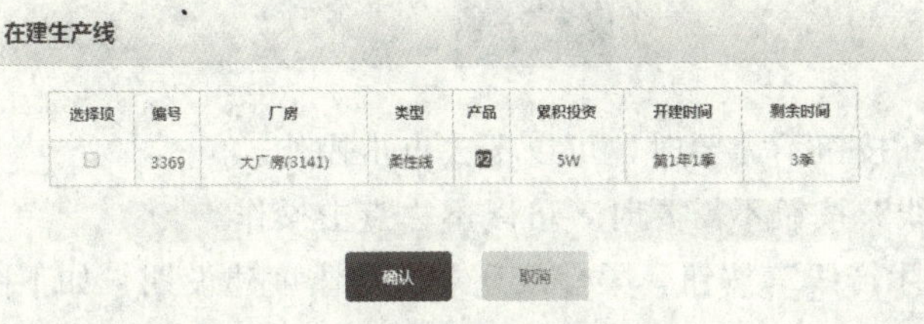

在建生产线

选择项	编号	厂房	类型	产品	累积投资	开建时间	剩余时间
☐	3369	大厂房(3141)	柔性线	P2	5W	第1年1季	3季

确认　取消

选中柔性线，点击“确认”。

8. “生产线转产”按钮不需要时，可以不去点击操作。
9. “出售生产线”按钮不需要时，可以不去点击操作。
10. “开始生产”按钮不需要时，可以不去点击操作。
11. 点击“应收款更新”按钮，在弹出的窗口中点“确认”。

12. “按订单交货”按钮不需要时，可以不去点击操作。

13. “厂房处理”按钮不需要时，可以不去点击操作。

14. 点击“产品研发”按钮，还剩 2 个季度，选中 P2，继续进行研发投资。

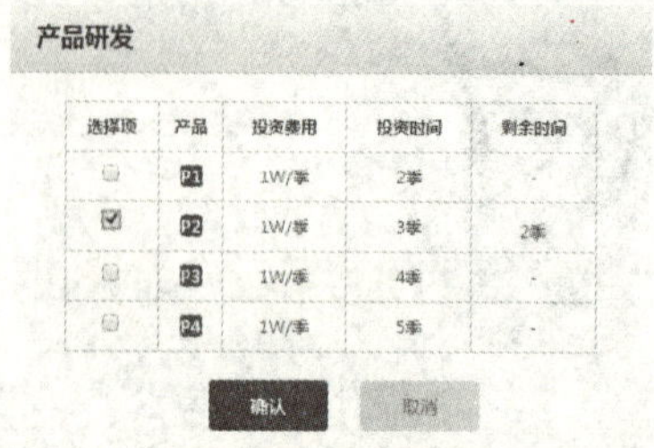

选择项	产品	投资费用	投资时间	剩余时间
	P1	1W/季	2季	-
✓	P2	1W/季	3季	2季
	P3	1W/季	4季	-
	P4	1W/季	5季	-

15. 点击主页面下方操作区中菜单“当季结束”，结束第 2 季度经营。自动完成的过程包括支付行政管理费、厂房续租租金、检查“产品开发”完成情况。

（四）第 3 季度经营

1. 点击“当季开始”按钮，开始第 3 季度经营。自动完成的过程包括还本付息/更新短贷款、更新生产/完工入库、生产线完工/转产完工。

2. “申请短贷”按钮不需要时，可以不去点击操作。

3. 点击“更新原料库”，第 1、2 季度无订购原料，现付金额为 0。在弹出的窗口中，点击“确认更新”按键。

4. 点击“下原料订单”按钮，因为 P2 研发周期 3 个季度，要到第 1 年第 4 个季度才具备生产产品资格，但是柔性线安装周期为 4 个季度，则柔性生产性要到第 2 年第 1 个季度才能使用。而 P2 需要 1 个 R2、1 个 R3 原料。故，此处订购 1 个 R3。

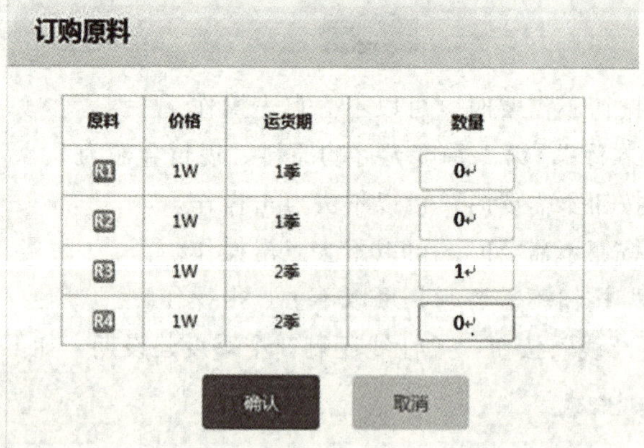

原料	价格	运货期	数量
R1	1W	1季	0
R2	1W	1季	0
R3	1W	2季	1
R4	1W	2季	0

5. “购置厂房”按钮不需要时，可以不去点击操作。

6. “新建生产线”按钮不需要时，可以不去点击操作。

7. 点击“在建生产线”按钮，柔性线还剩 2 个季度建设期，如下图。

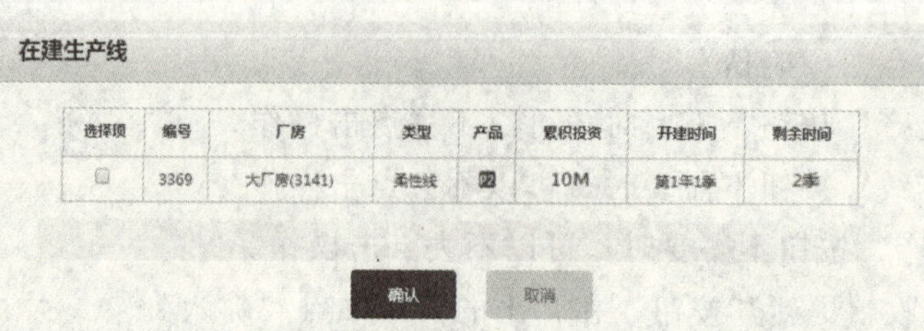

选择项	编号	厂房	类型	产品	累积投资	开建时间	剩余时间
	3369	大厂房(3141)	柔性线	P2	10M	第1年1季	2季

选中柔性线，点击“确认”。

8. “生产线转产”按钮不需要时，可以不去点击操作。

9. “出售生产线”按钮不需要时，可以不去点击操作。

10. “开始生产”按钮不需要时，可以不去点击操作。

11. 点击“应收款更新”按钮，在弹出的窗口中点“确认”。

12. “按订单交货”按钮不需要时，可以不去点击操作。

13. “厂房处理”按钮不需要时，可以不去点击操作。

14. 点击“产品研发”按钮，还剩 1 个季度，选中 P2，继续进行研发投资。

产品研发

选择项	产品	投资费用	投资时间	剩余时间
☐	P1	1W/季	2季	-
☑	P2	1W/季	3季	1季
☐	P3	1W/季	4季	-
☐	P4	1W/季	5季	-

确认　取消

15. 点击主页面下方操作区中菜单“当季结束”，结束第 3 季度经营。自动完成的过程包括支付行政管理费、厂房续租租金、检查“产品开发”完成情况。

（五）第 4 季度经营

1. 点击“当季开始”按钮，开始第 4 季度经营。自动完成的过程包括还本付息/更新短贷款、更新生产/完工入库、生产线完工/转产完工。

2. “申请短贷”按钮不需要时，可以不去点击操作。

3. 点击“更新原料库”，第 1、2 季度无订购原料，3 季度订购 R3，而 R3 订购周期为 2 个季度，未到货，现付金额为 0。在弹出的窗口中，点击“确认更新”按键。

4. 点击“下原料订单”按钮，订购 R2、R3 原料分别为 1 个。

订购原料

原料	价格	运货期	数量
R1	1W	1季	0
R2	1W	1季	1
R3	1W	2季	1
R4	1W	2季	0

确认　取消

5. “购置厂房”按钮不需要时，可以不去点击操作。

6. “新建生产线”按钮不需要时，可以不去点击操作。

7. 点击“在建生产线”按钮，柔性线还剩 1 个季度建设期，如下图。

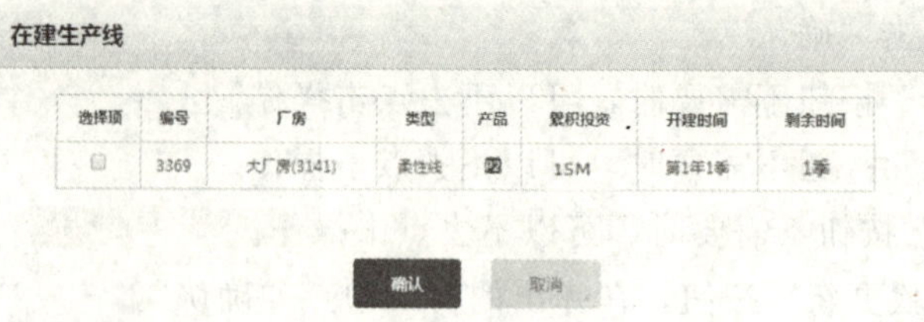
在建生产线

选择项	编号	厂房	类型	产品	累积投资	开建时间	剩余时间
☐	3369	大厂房(3141)	柔性线	P2	15M	第1年1季	1季

确认 取消

选中柔性线，点击“确认”。

8. “生产线转产”按钮不需要时，可以不去点击操作。

9. “出售生产线”按钮不需要时，可以不去点击操作。

10. “开始生产”按钮不需要时，可以不去点击操作。

11. 点击“应收款更新”按钮，在弹出的窗口中点“确认”。

12. “按订单交货”按钮不需要时，可以不去点击操作。

13. “厂房处理”按钮不需要时，可以不去点击操作。

14. 点击“产品研发”按钮，可以看到，P2 已经研发完毕。只剩下还没研发的 P1、P3、P4。

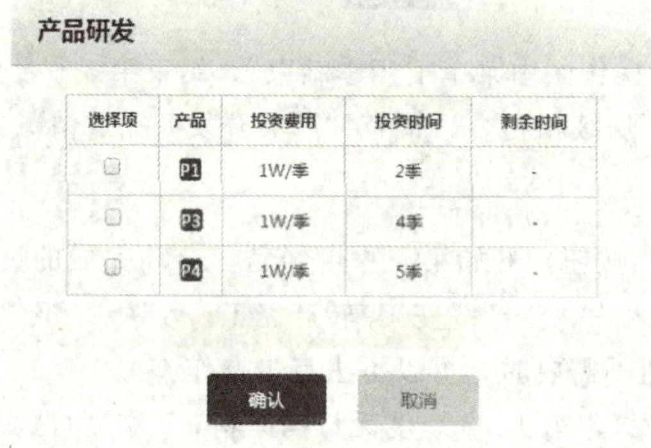
产品研发

选择项	产品	投资费用	投资时间	剩余时间
☐	P1	1W/季	2季	-
☐	P3	1W/季	4季	-
☐	P4	1W/季	5季	-

确认 取消

（六）年末经营

1. ISO 投资。该操作只有每年第 4 季度末才出现。点击主页面下方操作区中菜单“ISO 投资”，弹出“ISO 投资”对话框。勾选需要投资的 ISO 资质，点击确认即可。

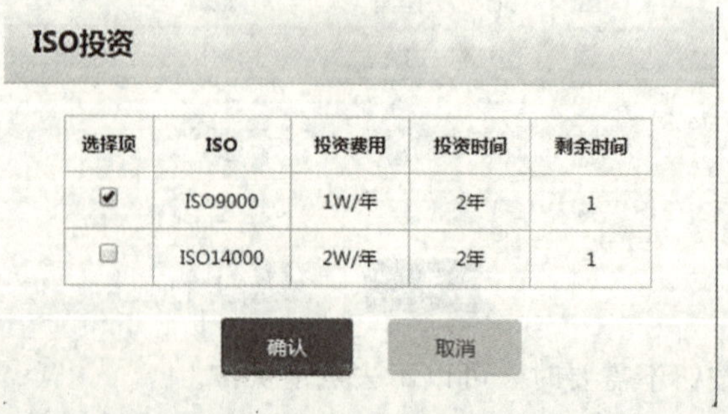
ISO投资

选择项	ISO	投资费用	投资时间	剩余时间
☑	ISO9000	1W/年	2年	1
☐	ISO14000	2W/年	2年	1

确认 取消

ISO 投资包括产品质量（ISO9000）认证投资和产品环保（ISO14000）认证投资。企业若想在订货会上选取带有 ISO 认证的订单，必须取得相应的 ISO 认证资格，否则不能选取该订单。ISO 投资每年进行一次，可中断投资，直至 ISO 投资完成。

2. 点击主页面下方操作区中菜单“市场开拓”，弹出“市场开拓”对话框。勾选需要研发的市场，点击确认即可。

市场开拓

选择项	市场	投资费用	投资时间	剩余时间
☐	本地	1W/年	1年	1
☐	区域	1W/年	1年	1
☐	国内	1W/年	2年	2
☐	亚洲	1W/年	3年	3
☐	国际	1W/年	4年	4

确认　取消

选中本地、区域、国内、亚洲、国际市场，投资开拓市场。

市场开拓

选择项	市场	投资费用	投资时间	剩余时间
☑	本地	1W/年	1年	1
☑	区域	1W/年	1年	1
☑	国内	1W/年	2年	2
☑	亚洲	1W/年	3年	3
☑	国际	1W/年	4年	4

确认　取消

3. 点击“当年结束”按钮，结束本年度所有经营。系统会自动支付行政管理费、厂房续租租金，检测产品开发、ISO 投资、市场开拓情况，自动支付设备维修费、计提当年折旧、扣除产品违约订单的罚款。

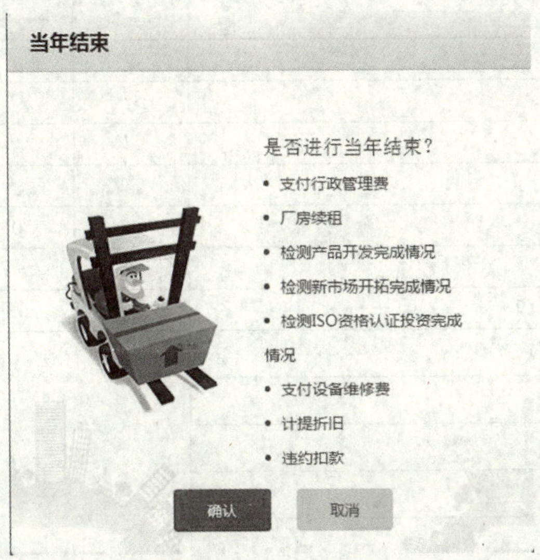

注意：①财务报表的填写，在第 1 年点击“当年结束”后填写。

②请不要投放第 2 年的广告，请在投放广告前填写财务报表。

（七）起始模拟经营年企业经营记录表

企业经营记录表

企业经营流程 请按顺序执行下列各项操作。		每执行完一项操作，请在相应的方格内打勾。 同时在方格中填写现金收支情况，收入用+，支出用-。			
年初	年初规划会议/现金盘点	80			
	广告投放	√			
	参加订货会选订单/登记订单	√			
	支付应付税	√			
	支付长贷利息	√			
	更新长期贷款/长期贷款还款	√			
	申请长期贷款	20			
1	季初盘点（请填余额）	100	73	66	59
2	更新短期贷款/短期贷款还本付息	√	√	√	√
3	申请短期贷款	20	√	√	√
4	原材料入库/更新原料订单	√	√	√	√
5	下原料订单	√	√	1R3	1R2 1R3
6	购买/租用——厂房	-40	√	√	√
7	更新生产/完工入库	√	√	√	√
8	新建/在建/转产/变卖——生产线	-5	-5	-5	-5
9	紧急采购（随时进行）	√	√	√	√
10	开始下一批生产	√	√	√	√
11	更新应收款/应收款收现	√	√	√	√
12	按订单交货	√	√	√	√
13	产品研发投资	-1	-1	-1	
14	厂房——出售（买转租）/退租/租转买	√	√	√	√
15	支付管理费	-1	-1	-1	-1
16	更新厂房租金	√	√	√	√
17	出售库存	√	√	√	√
18	厂房贴现	√	√	√	√
19	应收款贴现	√	√	√	√
20	季末收入合计	20	0	0	0
21	季末支出合计	-47	-7	-7	-6
22	季末数额对账［（1）+（21）+（22）］	73	66	59	53
年末	缴纳违约订单罚款				0
	支付设备维护费				0
	计提折旧				（0）
	新市场开拓				-5
	ISO资格投资				-1
	结账				47

(八) 起始模拟经营年综合管理费用明细表

经营完一年后，CEO 带领全队人员，在纸质上填写综合管理费用明细表。

项目	金额	备注
管理费	4	
广告费	0	
维修费	0	
租　金	0	
转产费	0	
市场准入	5	√本地√区域√国内√亚洲√国际
ISO 资格认证	1	√ ISO9000 □1SO14000
产品研发	3	P1（ ）P2（3）P3（ ）P4（ ）
其　他	0	
合　计	13	

(九) 起始模拟经营年利润表/损益表

经营完一年后，CEO 带领全队人员，在纸质上填写利润表/损益表。

项目	金额
销售收入	0
直接成本	0
毛利	0
综合费用	13
折旧前利润	−13
折旧	0
支付利息前利润	−13
财务支出	0
税前利润	−13
所得税	0
净利润	−13

(十) 起始模拟经营年资产负债表

经营完一年后，CEO 带领全队人员，在纸质上填写资产负债表。

项目	金额	项目	金额
现金	47	长期负债	20
应收款	0	短期负债	20
在制品	0	所得税	0

产成品	0	——	——
原材料	0	——	——
流动资产合计	47	**负债合计**	40
厂房	40	股东资本	80
生产线	0	利润留存	0
在建工程	20	年度净利	−13
固定资产合计	60	**所有者权益合计**	67
资产总计	107	**负债和所有者权益总计**	107

（十一）电子沙盘中填写财务三表

点击主页面下方操作区中菜单“填写报表”，弹出“填写报表”对话框。依次在综合费用表、利润表、资产负债表的编辑框内输入相应计算数值，三张表填写过程中都可点击保存，暂时保存数据。点击提交，即提交结果，系统计算数值是否正确并在教师端公告信息中显示判断结果。

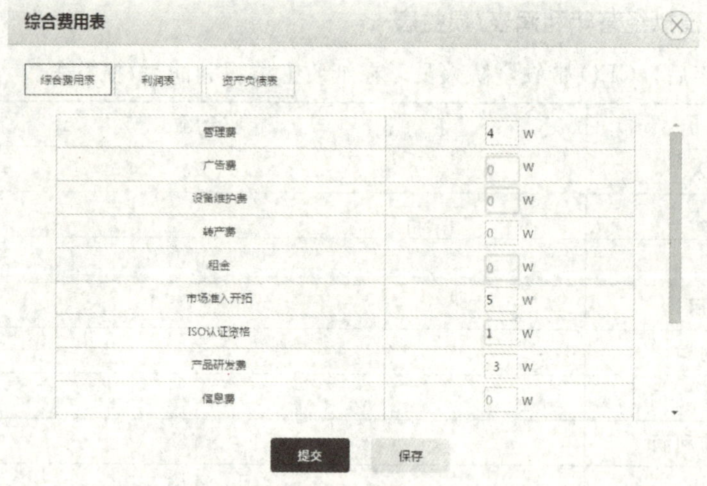

请大家回顾下新创业者电子沙盘的运营流程，现在，裁判把后台重新初始化一下，大家再重新从头开始体验一下新创业者电子沙盘的企业运营流程！

四、企业正式经营第一年

股东资本为70M。接下来，团队成员先分析下表的市场预测，商量下企业如何经营、如何发展等的企业经营策略，然后等待裁判的指令开始！

序号	年份	产品	本地	区域	国内	亚洲	国际
1	第2年	P1	4.85	5.07	0	0	0
2	第2年	P2	7.07	7.3	0	0	0
3	第2年	P3	8.47	8.55	0	0	0
4	第2年	P4	10.67	10.56	0	0	0
5	第3年	P1	4.85	4.73	4.74	0	0
6	第3年	P2	6.88	6.8	0	0	0
7	第3年	P3	8.46	8.8	0	0	0
8	第3年	P4	0	9.82	9.92	0	0
9	第4年	P1	4.58	4.67	4.7	0	0
10	第4年	P2	6.48	0	0	6.45	0
11	第4年	P3	9.19	8.8	0	8.76	0
12	第4年	P4	9.68	10	9.96	0	0
13	第5年	P1	5.65	0	4.58	0	4.62
14	第5年	P2	6.52	6.65	6.62	6.82	0
15	第5年	P3	0	7.62	0	8.35	8.4
16	第5年	P4	8.82	9	0	9.29	0
17	第6年	P1	5.5	5.48	0	0	5.52
18	第6年	P2	7.45	0	7.38	0	7.23
19	第6年	P3	8.3	8.38	0	8.82	0
20	第6年	P4	0	9.3	10	0	9.55

序号	年份	产品	本地	区域	国内	亚洲	国际
1	第2年	P1	20	15	0	0	0
2	第2年	P2	15	20	0	0	0
3	第2年	P3	15	11	0	0	0
4	第2年	P4	9	9	0	0	0
5	第3年	P1	33	15	19	0	0
6	第3年	P2	26	20	0	0	0
7	第3年	P3	28	20	0	0	0
8	第3年	P4	0	17	13	0	0
9	第4年	P1	24	27	27	0	0
10	第4年	P2	25	0	0	20	0
11	第4年	P3	21	20	0	17	0
12	第4年	P4	19	17	27	0	0
13	第5年	P1	26	0	26	0	21
14	第5年	P2	21	17	21	17	0
15	第5年	P3	0	26	0	20	15
16	第5年	P4	22	20	0	17	0
17	第6年	P1	26	31	0	0	25
18	第6年	P2	20	0	21	0	26
19	第6年	P3	23	21	0	22	0
20	第6年	P4	0	20	21	0	20

1. 第1年企业经营记录表

企业经营记录表

企业经营流程
请按顺序执行下列各项操作。

每执行完一项操作，请在相应的方格内打勾。
同时在方格中填写现金收支情况，收入用＋，支出用－。

年初	年初规划会议/现金盘点				
	广告投放				
	参加订货会选订单/登记订单				
	支付应付税				
	支付长贷利息				
	更新长期贷款/长期贷款还款				
	申请长期贷款				
1	季初盘点（请填余额）				
2	更新短期贷款/短期贷款还本付息				
3	申请短期贷款				
4	原材料入库/更新原料订单				
5	下原料订单				
6	购买/租用——厂房				
7	更新生产/完工入库				
8	新建/在建/转产/变卖——生产线				
9	紧急采购（随时进行）				
10	开始下一批生产				
11	更新应收款/应收款收现				
12	按订单交货				
13	产品研发投资				
14	厂房——出售（买转租）/退租/租转买				
15	支付管理费				
16	更新厂房租金				
17	出售库存				

18	厂房贴现				
19	应收款贴现				
20	季末收入合计				
21	季末支出合计				
22	季末数额对账［(1)＋(21)＋(22)］				
年末	缴纳违约订单罚款				
	支付设备维护费				
	计提折旧				(　　)
	新市场开拓				
	ISO资格投资				
	结账				

2. 第1年财务报表

(1) 第1年综合管理费用明细表

项目	金额	备注
管理费		
广告费		
维修费		
租　金		
转产费		
市场准入		□本地□区域□国内□亚洲□国际
ISO资格认证		□ ISO9000　　□1SO14000
产品研发		P1(　)P2(　　)P3(　)P4(　)
其　他		
合　计		

(2) 第1年利润表/损益表

项目	金额
销售收入	
直接成本	
毛利	
综合费用	
折旧前利润	
折旧	
支付利息前利润	
财务支出	
税前利润	
所得税	
净利润	

（3）第 1 年资产负债表

项目	金额	项目	金额
现金		长期负债	
应收款		短期负债	
在制品		应交所得税	
产成品		——	——
原材料		——	——
流动资产合计		**负债合计**	
厂房		股东资本	
生产线		利润留存	
在建工程		年度净利	
固定资产合计		**所有者权益合计**	
资产总计		**负债和所有者权益总计**	

3. 第 1 年笔记事项

____

____

____

____

____

____

五、企业正式经营第二年

1. 第 2 年广告费投放

组别：__________ 第 ______ 年

市场 / 产品	本地	区域	国内	亚洲	国际
P1					
P2					
P3					
P4					

2. 第 2 年订单登记表

订单号											合计
市场											
产品											
数量											
账期											
销售额											
成本											
毛利											
未售											

3. 第 2 年企业经营记录表

企业经营记录表

企业经营流程 请按顺序执行下列各项操作。		每执行完一项操作，请在相应的方格内打勾。 同时在方格中填写现金收支情况，收入用+，支出用−。			
年初	年初规划会议/现金盘点				
	广告投放				
	参加订货会选订单/登记订单				
	支付应付税				
	支付长贷利息				
	更新长期贷款/长期贷款还款				
	申请长期贷款				
1	季初盘点（请填余额）				
2	更新短期贷款/短期贷款还本付息				
3	申请短期贷款				
4	原材料入库/更新原料订单				
5	下原料订单				
6	购买/租用——厂房				
7	更新生产/完工入库				
8	新建/在建/转产/变卖——生产线				
9	紧急采购（随时进行）				
10	开始下一批生产				
11	更新应收款/应收款收现				
12	按订单交货				
13	产品研发投资				
14	厂房——出售（买转租）/退租/租转买				

15	支付管理费				
16	更新厂房租金				
17	出售库存				
18	厂房贴现				
19	应收款贴现				
20	季末收入合计				
21	季末支出合计				
22	季末数额对账［(1)＋(21)＋(22)］				
年末	缴纳违约订单罚款				
	支付设备维护费				
	计提折旧				( )
	新市场开拓				
	ISO资格投资				
	结账				

4. 第2年产品销售核算表

项目＼产品	P1	P2	P3	P4	合计
数量					
销售额					
成本					
毛利					

5. 第2年财务报表

(1) 第2年综合管理费用明细表

项目	金额	备注
管理费		
广告费		
维修费		
租 金		
转产费		
市场准入		□本地□区域□国内□亚洲□国际
ISO资格认证		□ ISO9000 □ISO14000
产品研发		P1 ( ) P2 ( ) P3 ( ) P4 ( )
其 他		
合 计		

(2) 第 2 年利润表/损益表

项目	金额
销售收入	
直接成本	
毛利	
综合费用	
折旧前利润	
折旧	
支付利息前利润	
财务支出	
税前利润	
所得税	
净利润	

(3) 第 2 年资产负债表

项目	金额	项目	金额
现金		长期负债	
应收款		短期负债	
在制品		应交所得税	
产成品		——	——
原材料		——	——
流动资产合计		负债合计	
厂房		股东资本	
生产线		利润留存	
在建工程		年度净利	
固定资产合计		所有者权益合计	
资产总计		负债和所有者权益总计	

3. 第 2 年笔记事项

六、企业正式经营第三年

1. 第 3 年广告费投放

组别：__________　　第__________年

市场 产品	本地	区域	国内	亚洲	国际
P1					
P2					
P3					
P4					

2. 第 3 年订单登记表

订单号											合计
市场											
产品											
数量											
账期											
销售额											
成本											
毛利											
未售											

3. 第 3 年企业经营记录表

企业经营记录表

企业经营流程 请按顺序执行下列各项操作。		每执行完一项操作，请在相应的方格内打勾。 同时在方格中填写现金收支情况，收入用＋，支出用－。			
年初	年初规划会议/现金盘点				
	广告投放				
	参加订货会选订单/登记订单				
	支付应付税				
	支付长贷利息				
	更新长期贷款/长期贷款还款				
	申请长期贷款				
1	季初盘点（请填余额）				

2	更新短期贷款/短期贷款还本付息				
3	申请短期贷款				
4	原材料入库/更新原料订单				
5	下原料订单				
6	购买/租用——厂房				
7	更新生产/完工入库				
8	新建/在建/转产/变卖——生产线				
9	紧急采购（随时进行）				
10	开始下一批生产				
11	更新应收款/应收款收现				
12	按订单交货				
13	产品研发投资				
14	厂房——出售（买转租）/退租/租转买				
15	支付管理费				
16	更新厂房租金				
17	出售库存				
18	厂房贴现				
19	应收款贴现				
20	季末收入合计				
21	季末支出合计				
22	季末数额对账［（1）＋（21）＋（22）］				
年末	缴纳违约订单罚款				
	支付设备维护费				
	计提折旧				（　）
	新市场开拓				
	ISO资格投资				
	结账				

4. 第3年产品销售核算表

项目＼产品	P1	P2	P3	P4	合计
数量					
销售额					
成本					
毛利					

5. 第3年财务报表

（1）第3年综合管理费用明细表

项目	金额	备注
管理费		
广告费		
维修费		
租　金		
转产费		
市场准入		□本地□区域□国内□亚洲□国际
ISO 资格认证		□ ISO9000　□ISO14000
产品研发		P1（　）P2（　）P3（　）P4（　）
其　他		
合　计		

（2）第 3 年利润表/损益表

项目	金额
销售收入	
直接成本	
毛利	
综合费用	
折旧前利润	
折旧	
支付利息前利润	
财务支出	
税前利润	
所得税	
净利润	

（3）第 3 年资产负债表

项目	金额	项目	金额
现金		长期负债	
应收款		短期负债	
在制品		应交所得税	
产成品		—	—
原材料		—	—
流动资产合计		负债合计	
厂房		股东资本	
生产线		利润留存	

在建工程		年度净利	
固定资产合计		所有者权益合计	
资产总计		负债和所有者权益总计	

3. 第3年笔记事项

七、企业正式经营第四年

1. 第4年广告费投放

组别：________ 第________年

市场 产品	本地	区域	国内	亚洲	国际
P1					
P2					
P3					
P4					

2. 第4年订单登记表

订单号										合计
市场										
产品										
数量										
账期										
销售额										
成本										
毛利										
未售										

3. 第 4 年企业经营记录表

企业经营记录表

企业经营流程 请按顺序执行下列各项操作。		每执行完一项操作，请在相应的方格内打勾。 同时在方格中填写现金收支情况，收入用＋，支出用－。			
年初	年初规划会议/现金盘点				
	广告投放				
	参加订货会选订单/登记订单				
	支付应付税				
	支付长贷利息				
	更新长期贷款/长期贷款还款				
	申请长期贷款				
1	季初盘点（请填余额）				
2	更新短期贷款/短期贷款还本付息				
3	申请短期贷款				
4	原材料入库/更新原料订单				
5	下原料订单				
6	购买/租用——厂房				
7	更新生产/完工入库				
8	新建/在建/转产/变卖——生产线				
9	紧急采购（随时进行）				
10	开始下一批生产				
11	更新应收款/应收款收现				
12	按订单交货				
13	产品研发投资				
14	厂房——出售（买转租）/退租/租转买				
15	支付管理费				
16	更新厂房租金				
17	出售库存				
18	厂房贴现				
19	应收款贴现				
20	季末收入合计				
21	季末支出合计				
22	季末数额对账［（1）＋（21）＋（22）］				
年末	缴纳违约订单罚款				
	支付设备维护费				
	计提折旧				（　）
	新市场开拓				
	ISO 资格投资				
	结账				

4. 第4年产品销售核算表

产品 项目	P1	P2	P3	P4	合计
数量					
销售额					
成本					
毛利					

5. 第4年财务报表

（1）第4年综合管理费用明细表

项目	金额	备注
管理费		
广告费		
维修费		
租　金		
转产费		
市场准入		□本地□区域□国内□亚洲□国际
ISO资格认证		□ ISO9000　□1SO14000
产品研发		P1（　）P2（　）P3（　）P4（　）
其　他		
合　计		

（2）第4年利润表/损益表

项目	金额
销售收入	
直接成本	
毛利	
综合费用	
折旧前利润	
折旧	
支付利息前利润	
财务支出	
税前利润	
所得税	
净利润	

(3) 第 4 年资产负债表

项目	金额	项目	金额
现金		长期负债	
应收款		短期负债	
在制品		特别贷款	
产成品		所得税	
原材料		——	——
流动资产合计		**负债合计**	
厂房		股东资本	
生产线		利润留存	
在建工程		年度净利	
固定资产合计		**所有者权益合计**	
资产总计		**负债和所有者权益总计**	

3. 第 4 年笔记事项

八、企业正式经营第五年

1. 第 5 年广告费投放

组别：________ 第________年

市场 / 产品	本地	区域	国内	亚洲	国际
P1					
P2					
P3					
P4					

2. 第 5 年订单登记表

订单号											合计
市场											
产品											
数量											
账期											
销售额											
成本											
毛利											
未售											

3. 第 5 年企业经营记录表

企业经营记录表

企业经营流程 请按顺序执行下列各项操作。		每执行完一项操作，请在相应的方格内打勾。 同时在方格中填写现金收支情况，收入用＋，支出用－。			
年初	年初规划会议/现金盘点				
	广告投放				
	参加订货会选订单/登记订单				
	支付应付税				
	支付长贷利息				
	更新长期贷款/长期贷款还款				
	申请长期贷款				
1	季初盘点（请填余额）				
2	更新短期贷款/短期贷款还本付息				
3	申请短期贷款				
4	原材料入库/更新原料订单				
5	下原料订单				
6	购买/租用——厂房				
7	更新生产/完工入库				
8	新建/在建/转产/变卖——生产线				
9	紧急采购（随时进行）				
10	开始下一批生产				
11	更新应收款/应收款收现				
12	按订单交货				
13	产品研发投资				
14	厂房——出售（买转租）/退租/租转买				

15	支付管理费				
16	更新厂房租金				
17	出售库存				
18	厂房贴现				
19	应收款贴现				
20	季末收入合计				
21	季末支出合计				
22	季末数额对账［(1) ＋ (21) ＋ (22)］				
年末	缴纳违约订单罚款				
	支付设备维护费				
	计提折旧				( )
	新市场开拓				
	ISO 资格投资				
	结账				

4. 第 5 年产品销售核算表

产品 项目	P1	P2	P3	P4	合计
数量					
销售额					
成本					
毛利					

5. 第 5 年财务报表

(1) 第 5 年综合管理费用明细表

项目	金额	备注
管理费		
广告费		
维修费		
租　金		
转产费		
市场准入		□本地□区域□国内□亚洲□国际
ISO 资格认证		□ ISO9000　　□1SO14000
产品研发		P1（ ）P2（ ）P3（ ）P4（ ）
其　他		
合　计		

(2) 第5年利润表/损益表

项目	金额
销售收入	
直接成本	
毛利	
综合费用	
折旧前利润	
折旧	
支付利息前利润	
财务支出	
税前利润	
所得税	
净利润	

(3) 第5年资产负债表

项目	金额	项目	金额
现金		长期负债	
应收款		短期负债	
在制品		应交所得税	
产成品		—	—
原材料		—	—
流动资产合计		负债合计	
厂房		股东资本	
生产线		利润留存	
在建工程		年度净利	
固定资产合计		所有者权益合计	
资产总计		负债和所有者权益总计	

3. 第5年笔记事项

九、企业正式经营第六年

1. 第 6 年广告费投放

组别：________　第______年

市场 产品	本地	区域	国内	亚洲	国际
P1					
P2					
P3					
P4					

2. 第 6 年订单登记表

订单号										合计
市场										
产品										
数量										
账期										
销售额										
成本										
毛利										
未售										

3. 第 6 年企业经营记录表

企业经营记录表

企业经营流程 请按顺序执行下列各项操作。		每执行完一项操作，请在相应的方格内打勾。 同时在方格中填写现金收支情况，收入用＋，支出用－。			
年初	年初规划会议/现金盘点				
	广告投放				
	参加订货会选订单/登记订单				
	支付应付税				
	支付长贷利息				
	更新长期贷款/长期贷款还款				
	申请长期贷款				
1	季初盘点（请填余额）				

2	更新短期贷款/短期贷款还本付息				
3	申请短期贷款				
4	原材料入库/更新原料订单				
5	下原料订单				
6	购买/租用——厂房				
7	更新生产/完工入库				
8	新建/在建/转产/变卖——生产线				
9	紧急采购（随时进行）				
10	开始下一批生产				
11	更新应收款/应收款收现				
12	按订单交货				
13	产品研发投资				
14	厂房——出售（买转租）/退租/租转买				
15	支付管理费				
16	更新厂房租金				
17	出售库存				
18	厂房贴现				
19	应收款贴现				
20	季末收入合计				
21	季末支出合计				
22	季末数额对账［（1）＋（21）＋（22）］				
年末	缴纳违约订单罚款				
	支付设备维护费				
	计提折旧				（　）
	新市场开拓				
	ISO 资格投资				
	结账				

4. 第 6 年产品销售核算表

产品 项目	P1	P2	P3	P4	合计
数量					
销售额					
成本					
毛利					

5. 第 6 年财务报表

（1）第 6 年综合管理费用明细表

项目	金额	备注
管理费		
广告费		
维修费		
租　金		
转产费		
市场准入		□本地□区域□国内□亚洲□国际
ISO 资格认证		□ ISO9000　□1SO14000
产品研发		P1（　）P2（　）P3（　）P4（　）
其　他		
合　计		

（2）第 6 年利润表/损益表

项目	金额
销售收入	
直接成本	
毛利	
综合费用	
折旧前利润	
折旧	
支付利息前利润	
财务支出	
税前利润	
所得税	
净利润	

（3）第 6 年资产负债表

项目	金额	项目	金额
现金		长期负债	
应收款		短期负债	
在制品		应交所得税	
产成品		——	——
原材料		——	——
流动资产合计		负债合计	

厂房		股东资本	
生产线		利润留存	
在建工程		年度净利	
固定资产合计		**所有者权益合计**	
资产总计		**负债和所有者权益总计**	

3. 第6年笔记事项

5.3 商战经营

商战电子沙盘，是新道科技组织开发的一款全新的企业模拟经营电子沙盘软件。该电子沙盘软件在继承创业者和新创业者电子沙盘软件的基础上，又吸收了众多其他经营类软件优点。

和创业者、新创业者电子沙盘相比，费用变成了创业者费用的10倍。股东资本变成了10倍，例如600M或者700M等；管理费变成了10倍，例如10M；原材料价格变成了10倍，例如10M。

一、经营规则介绍

不同的经营规则，对应不同的企业经营策略和不同的企业间竞争态势。下面以一种经营规则为例，介绍商战经营的流程。

1. 生产线

名称	购买价格	安装周期	生产周期	总转产费用	转产周期	维修费	残值	折旧费	分值
手工线	50 W	1季	2季	0 W	0季	10 W/年	10 W	10 W	0
租赁线	0 W	1季	1季	20 W	1季	55 W/年	−55 W	0 W	0
自动线	150 W	3季	1季	20 W	1季	20 W/年	30 W	30 W	8
柔性线	200 W	4季	1季	0 W	0季	20 W/年	40 W	40 W	10

安装周期为1，表示即买即用；不论何时出售生产线，价格为残值，净值与残值之差计入损失；只有空生产线方可转产；当年建成生产线需要交维修费；折旧（采用平均年限法）：建成第1年不进行折旧。

2. 融资

<table>
<tr><th>贷款类型</th><th>贷款时间</th><th>贷款额度</th><th>年息</th><th>还款方式</th><th>备注</th></tr>
<tr><td>长期贷款</td><td>每年年初</td><td rowspan="2">所有长短贷之和不超过上年权益3倍</td><td>10％</td><td>年初付息，到期还本</td><td rowspan="2">不小于10W</td></tr>
<tr><td>短期贷款</td><td>每季度初</td><td>5％</td><td>到期一次还本付息</td></tr>
<tr><td rowspan="2">资金贴现</td><td rowspan="2">任何时间</td><td rowspan="2">视应收款额</td><td>1季，2季：10％</td><td rowspan="2">变现时贴息</td><td>1，2期可以联合贴现</td></tr>
<tr><td>3季，4季：12.5％</td><td>（3，4期同理）</td></tr>
<tr><td>库存拍卖</td><td colspan="5">100％（产品）80％（原料）</td></tr>
</table>

3. 厂房

名称	购买价格	租金	出售价格	容量	分值
大厂房	450 W	45 W/年	450 W	5	0
中厂房	400 W	40 W/年	400 W	4	0
小厂房	330 W	33 W/年	330 W	3	0

厂房出售得到4个账期的应收款，紧急情况下可厂房贴现，直接得到现金。厂房租入后，一年后可作租转买、退租等处理，续租系统自动处理。

4. 市场开拓

名称	开发费	开发时间	分值
本地	10 W	1年	7
区域	10 W	1年	7
国内	10 W	2年	8
亚洲	10 W	3年	9
国际	10 W	4年	10

开发费用按开发时间在年末平均支付，不允许加速投资。市场开发完成后，领取相应的市场准入证。

5. ISO资格认证

名称	开发费	开发时间	分值
ISO9000	10 W	2年	8
ISO14000	20 W	2年	10

开发费用在年末平均支付，不允许加速投资，但可以中断投资。开发完成后，领取相应的资格证。

6. 产品研发

名称	开发费	开发时间	加工费	直接成本	产品组成	分值
P1	10 W	2 季	10 W	20 W	R1	7
P2	10 W	3 季	10 W	30 W	R2＋R3	8
P3	10 W	4 季	10 W	40 W	R1＋R3＋R4	9
P4	10 W	5 季	10 W	50 W	R2＋R3＋2R4	10

开发费用在年末平均支付，不允许加速投资，但可以中断投资。

7. 原料设置

名称	购买单价	提前期
R1	10 W	1 季
R2	10 W	1 季
R3	10 W	2 季
R4	10 W	2 季

8. 其它说明

（1）紧急采购，付款即到货，原材料价格为直接成本的 2 倍；成品价格为直接成本的 3 倍。

（2）选单规则：上一年本市场销售额最高（无违约）优先；其次看本市场本产品广告额；再看本市场广告总额；再看市场销售排名；如仍无法决定，先投广告者先选单。

（3）破产标准：现金断流或权益为负。

（4）第一年无订单。

（5）交单可提前，不可推后，违约收回订单。

（6）违约金扣除——四舍五入；库存拍卖所得现金——四舍五入；贴现费用——向上取整；扣税——四舍五入；长短贷利息——四舍五入。

（7）库存折价拍价，生产线变卖，紧急采购，订单违约记入损失。

（8）排行榜记分标准：

总成绩＝所有者权益×（1＋企业综合发展潜力/100）

企业综合发展潜力＝市场资格分值＋ISO 资格分值＋生产资格分值＋厂房分值＋各条生产线分值

生产线建成（包括转产）即加分，无须生产出产品，也无须有在制品。

9. 重要参数

违约金比例	20%	贷款额倍数	3 倍
产品折价率	100%	原料折价率	80%
长贷利率	10%	短贷利率	5%
1，2 期贴现率	10%	3，4 期贴现率	12.50%
初始现金	600 W	管理费	10 W

信息费	1 W	所得税率	25%
最大长贷年限	5 年	最小得单广告额	10 W
原料紧急采购倍数	2 倍	产品紧急采购倍数	3 倍
选单时间	40 秒	首位选单补时	25 秒
市场同开数量	1	市场老大	无
竞拍时间	90 秒	竞拍同拍数	2

二、系统登录

1. 打开 IE 浏览器。

2. 在地址栏输入 http：//服务器 IP 地址，进入系统。

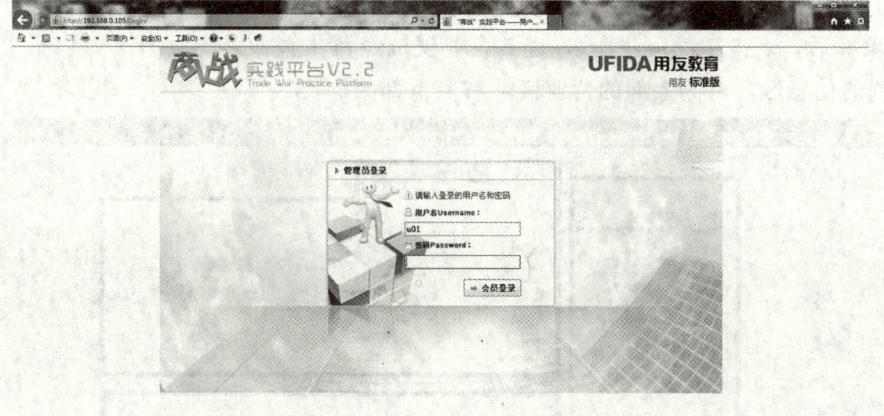

3. 用户名为公司代码 U01、U02、U03 等，首次登录的初始密码为“1”。第一次登录需要填写：公司名称（必填）、所属学校（必填）、各职位人员姓名（如有多人，可以在一个职位中输入两个以上的人员姓名）（必填）。登记确认后不可更改，务必重设密码。

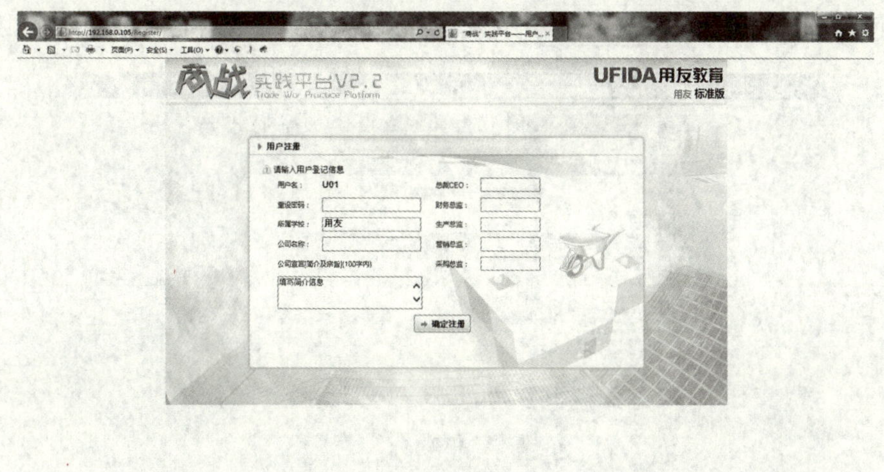

填好后的页面如下：

4. 填好后，点击“确定注册”，进入企业模拟经营主页面。主页面主要包括了 3 大部分，左侧的信息区，右侧上部的营业区，右侧下部的操作区。

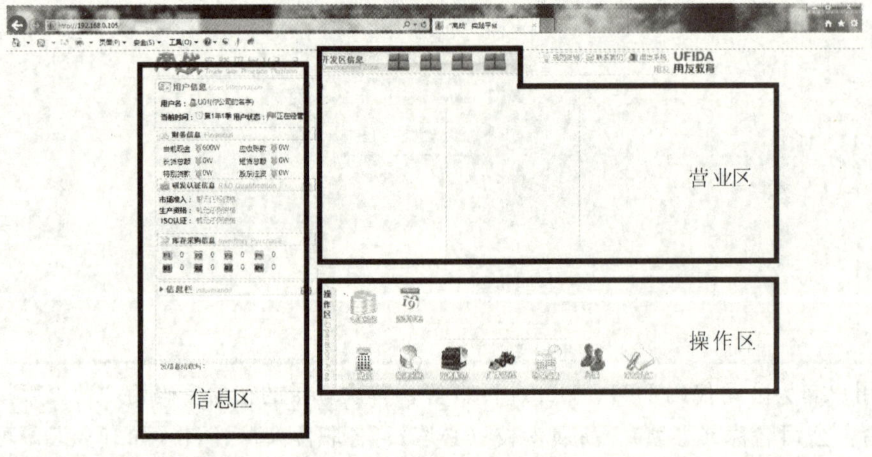

5. 页面右上角有个 规则说明 图标，可以用鼠标点击查看企业模拟经营规则。

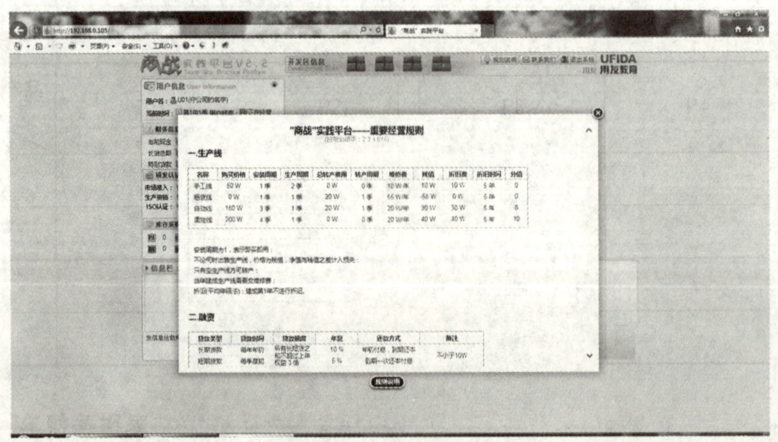

6. 页面右下角有个 

图标，可以用鼠标点击查看企业模拟经营规则。

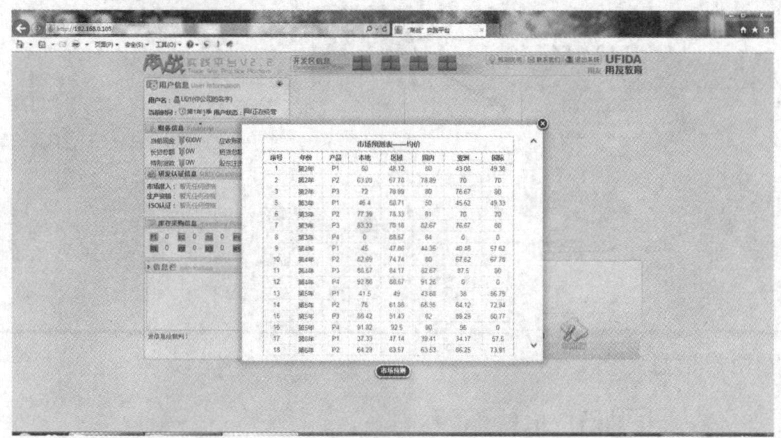

在弹出的市场预测窗口中，可以拖动滚动条查看所有产品在各个市场的均价和需求量。

市场预测表——均价

序号	年份	产品	本地	区域	国内	亚洲	国际
1	第2年	P1	50	48.12	50	43.08	49.38
2	第2年	P2	63.08	67.78	78.89	70	70
3	第2年	P3	72	78.89	80	76.67	80
5	第3年	P1	46.4	50.71	50	45.62	49.33
6	第3年	P2	77.39	78.33	81	70	70
7	第3年	P3	83.33	78.18	82.67	76.67	80
8	第3年	P4	0	88.57	84	0	0
9	第4年	P1	45	47.86	44.35	40.48	57.62
10	第4年	P2	82.69	74.74	80	67.62	67.78
11	第4年	P3	88.57	84.17	82.67	87.5	80
12	第4年	P4	92.86	88.57	91.25	0	0
13	第5年	P1	41.5	49	43.68	38	56.79
14	第5年	P2	75	61.88	68.95	64.12	72.94
15	第5年	P3	88.42	91.43	82	89.29	80.77
16	第5年	P4	91.82	92.5	90	95	0
17	第6年	P1	37.33	47.14	39.41	34.17	57.5
18	第6年	P2	64.29	63.57	63.53	66.25	73.91

市场预测

市场预测表——需求量

序号	年份	产品	本地	区域	国内	亚洲	国际
1	第2年	P1	30	16	15	13	16
2	第2年	P2	13	18	9	7	3
3	第2年	P3	10	9	3	3	1
5	第3年	P1	25	14	24	16	15
6	第3年	P2	23	18	20	14	2
7	第3年	P3	12	11	15	6	2
8	第3年	P4	0	7	5	0	0
9	第4年	P1	24	14	23	21	21
10	第4年	P2	26	19	20	21	9
11	第4年	P3	14	12	15	12	5
12	第4年	P4	7	7	8	0	0
13	第5年	P1	20	10	19	15	28
14	第5年	P2	24	16	19	17	17
15	第5年	P3	19	14	15	14	13
16	第5年	P4	11	12	8	10	0
17	第6年	P1	15	7	17	12	32
18	第6年	P2	21	14	17	16	23
19	第6年	P3	24	13	17	17	18

市场预测

8. 在主页面中，有一些信息没有呈现出来，如果想查看的话，需要点击相应的按钮，才能显现出来。

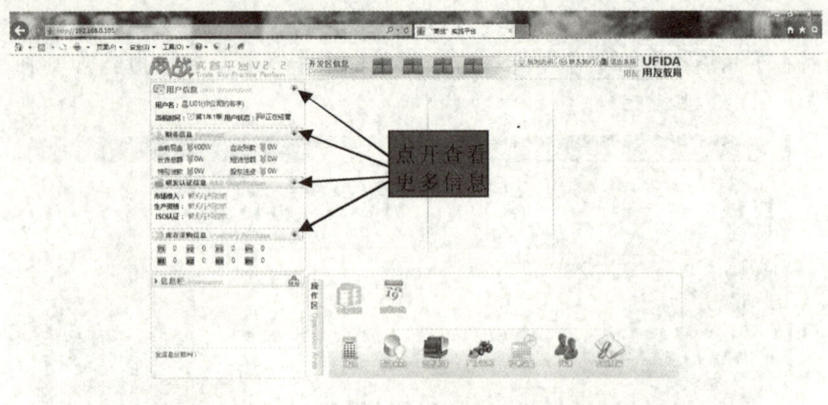

（1）查看用户信息

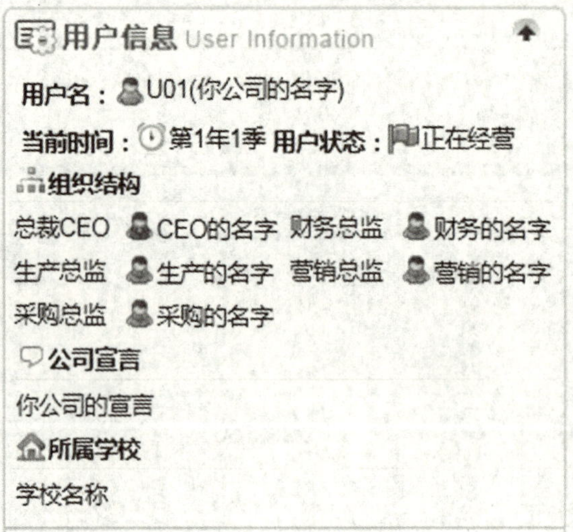

（2）查看财务信息

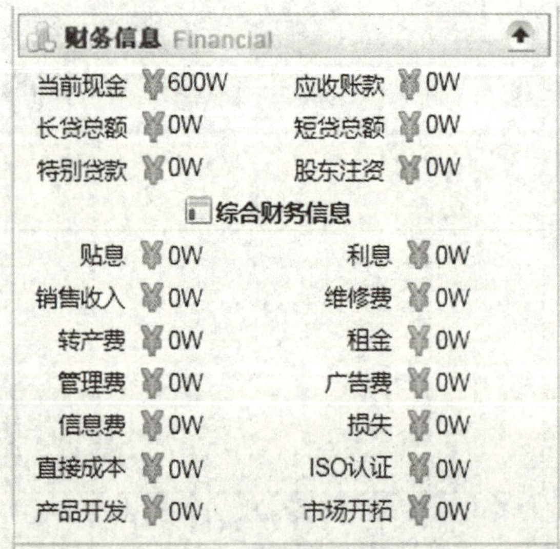

（3）查看研发认证信息

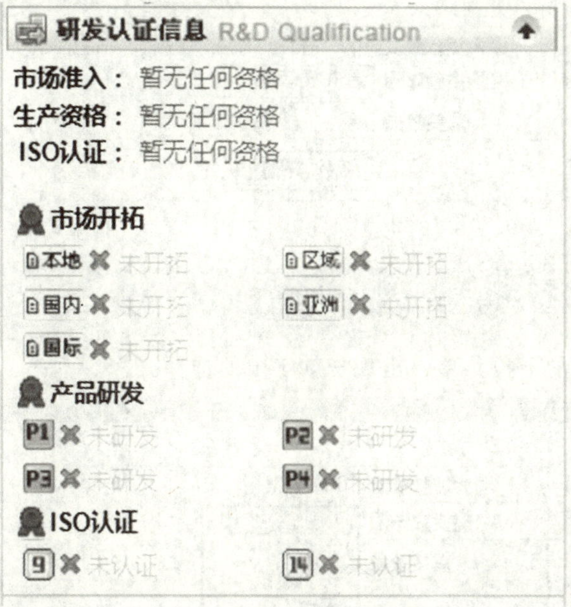

（4）查看库存采购信息

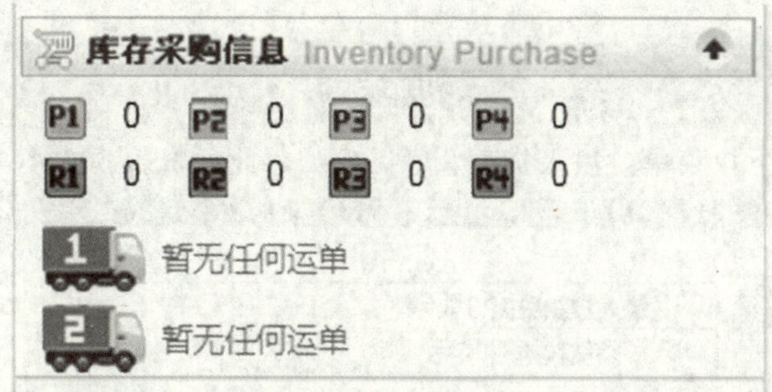

9. 在主页面最上方的中间位置，是厂房信息。一般有 4 个厂房位置可供选择。

三、模拟起始年经营

在操作商战软件进行企业模拟经营过程中，有的图标点击是可操作可不操作的，而有的图标点击是必须操作才能继续进行后续经营的。在操作过程中，要做好企业运营记录表的记录。

（一）年初经营

1. 点击操作区的“申请长贷”按钮，可以进行长期贷款的选择。

点击需贷款年限的下拉菜单，出现贷款年限的选择。

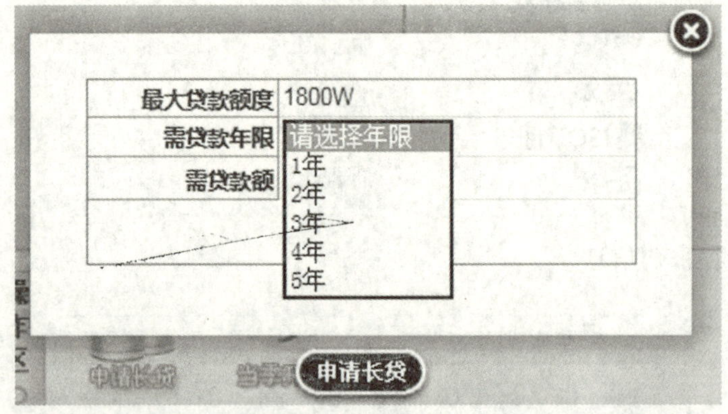

点击需贷款额下拉菜单，填入贷款金额。例如，此处贷款 600M，填入 600。

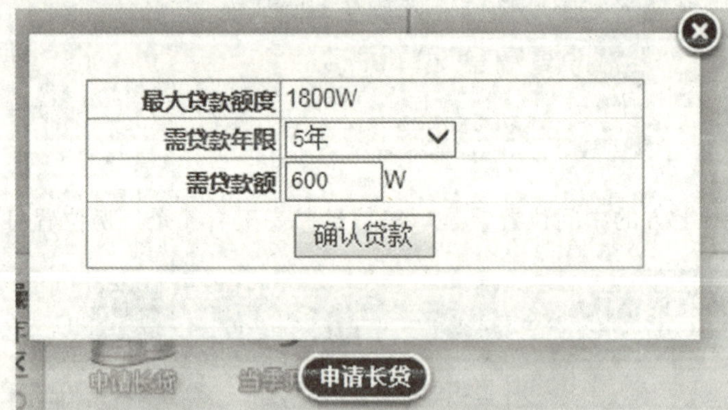

点击“确认贷款”后，会出现确认贷款的窗口：

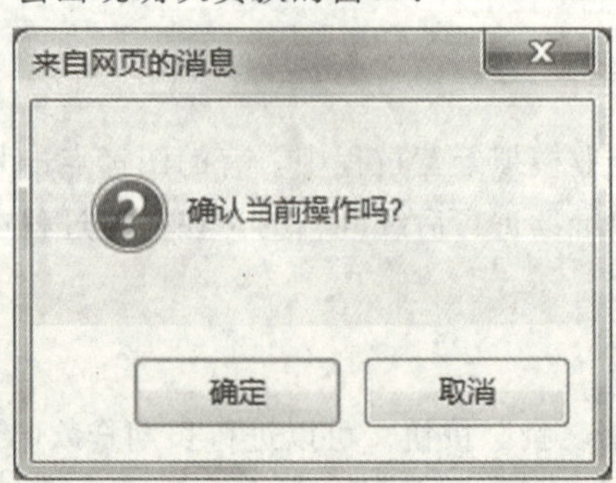

如果想回去修改贷款年限和贷款额度，可以选择“取消”，回去修改。点“确定”，代

表确认长期贷款的年限和额度。确定后，会弹出贷款成功的窗口。

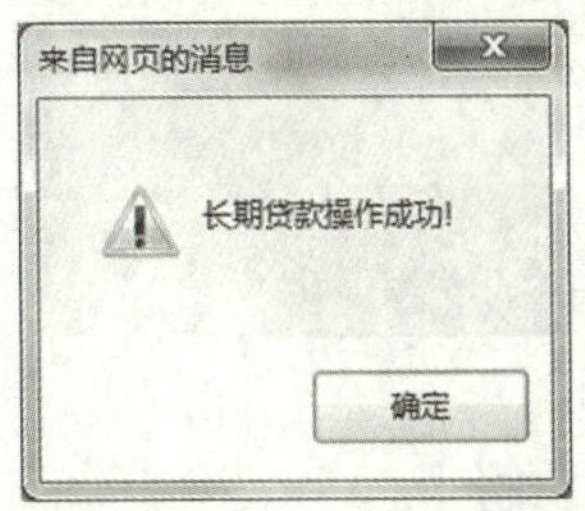

注意：确定后，长期贷款按钮依然存在：

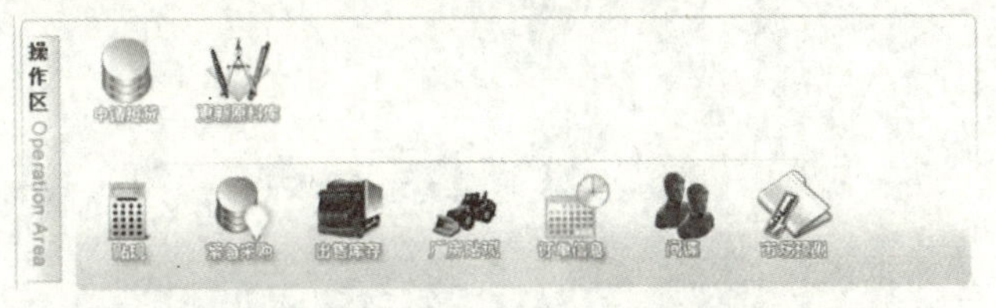

说明，长期贷款可再次贷款。即长期贷款可以分不同的年限和不同的额度，重复操作。

2. 点击左侧区的财务信息查看按钮，会出现长期贷款的信息和当前现金信息。

财务信息 Financial

当前现金	￥1200W	应收账款	￥0W
长贷总额	￥600W	短贷总额	￥0W
特别贷款	￥0W	股东注资	￥0W

综合财务信息

贴息	￥0W	利息	￥0W
销售收入	￥0W	维修费	￥0W
转产费	￥0W	租金	￥0W
管理费	￥0W	广告费	￥0W
信息费	￥0W	损失	￥0W
直接成本	￥0W	ISO认证	￥0W
产品开发	￥0W	市场开拓	￥0W

（二）第 1 季度经营

1. 点击“当季开始”按钮，开始第 1 季度经营。自动完成的过程包括还本付息/更新短贷款、更新生产/完工入库、生产线完工/转产完工，见下图：

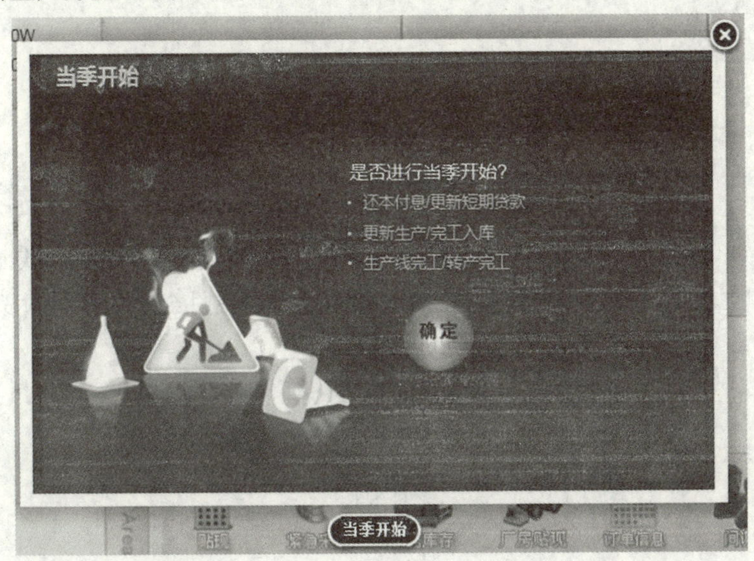

2. 确认第 1 季度开始经营后，操作区将会变成如下图：

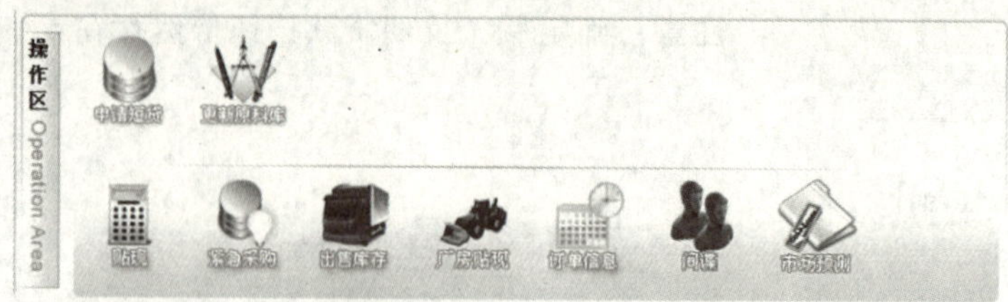

3. 点击“申请短贷”按钮，操作区将会变成如下图：

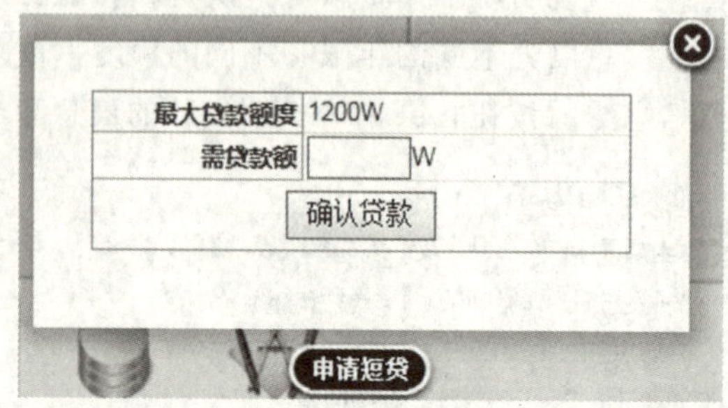

4. 输入贷款额度 200。

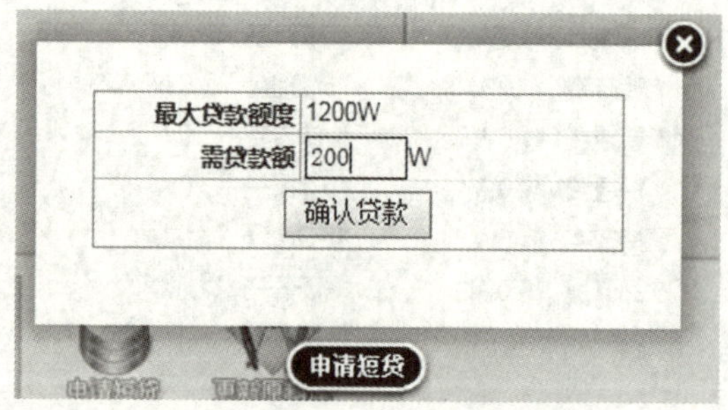

5. 点击“确认贷款”后，操作区将会变成如下图：

“短期贷款”按钮消失，说明短期贷款 1 个季度只能贷款一次，不能重复贷。

6. 点击“更新原料库”，前期原材料的订购到货时，现付金额为原材料费用。无到货时，现付金额为 0。

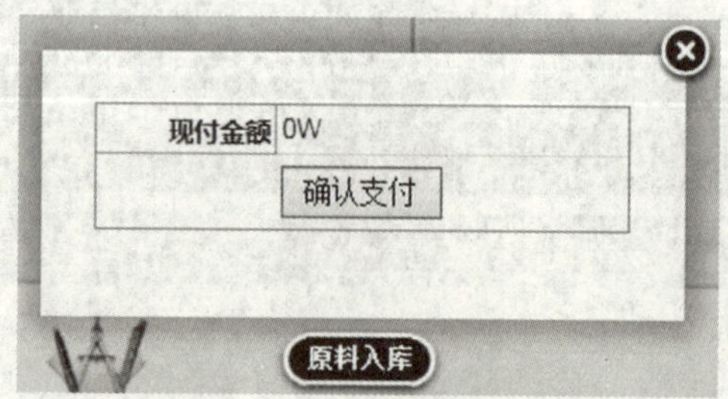

注意： 若企业资金无法支付原材料费用时，资金链断裂，企业将会破产。“更新原料库”按钮必须点击操作，否则运营无法继续进行。

7. 点击“确认支付”后，操作区变成如下图：

8. 点击“下原料订单”后，如下图。在数量中可以输入想订购的原材料数量。若不订购，保持数量0不变。点击“确认订购”。

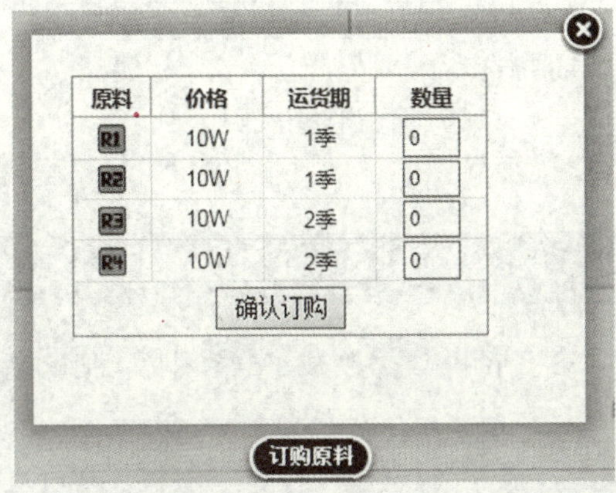

原料	价格	运货期	数量
R1	10W	1季	0
R2	10W	1季	0
R3	10W	2季	0
R4	10W	2季	0

确认订购

订购原料

9. 点击“确认订购”后，“下原料订单”按钮消失，操作区如下图。

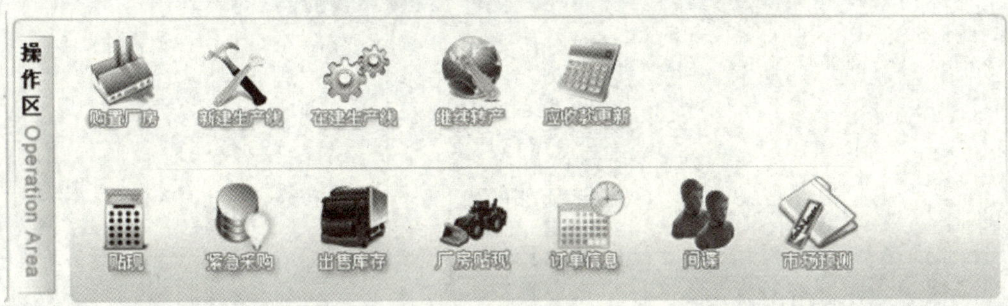

10. 点击“购置厂房”后，出现厂房购置窗口，订购方式分为买和租两种。

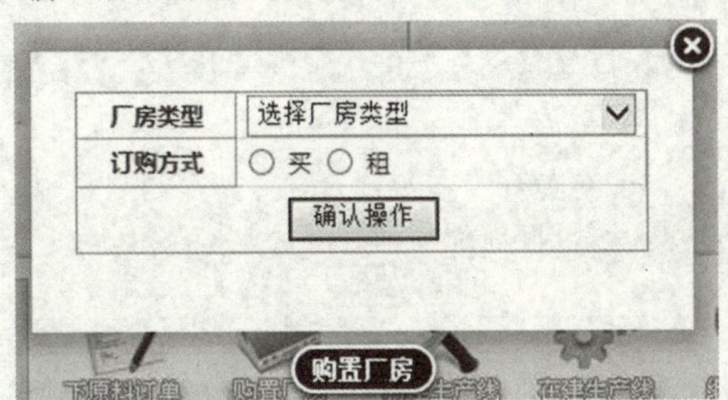

厂房类型	选择厂房类型
订购方式	○ 买 ○ 租

确认操作

购置厂房

11. 点击厂房类型下拉菜单，选择相应的厂房。

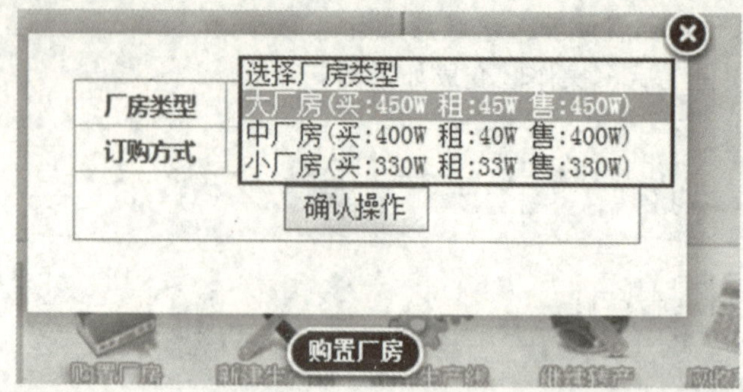

12. 点击订购方式的“买”或“租”，此处选择“买”订购方式。

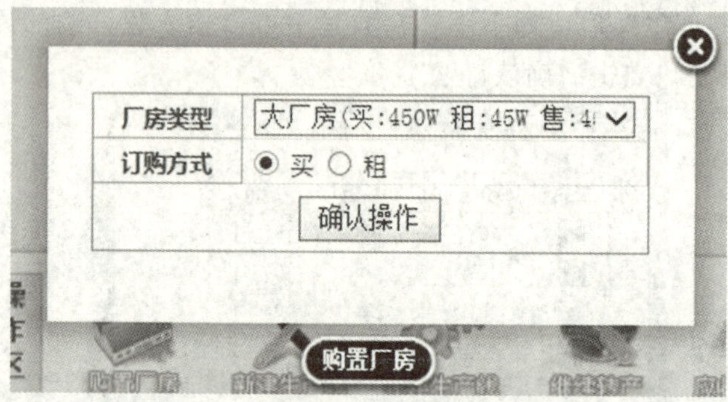

13. 最上面的厂房处，第一个由 变成了 图标，把鼠标放到 图标上，会出现相应的提示信息，如下图：

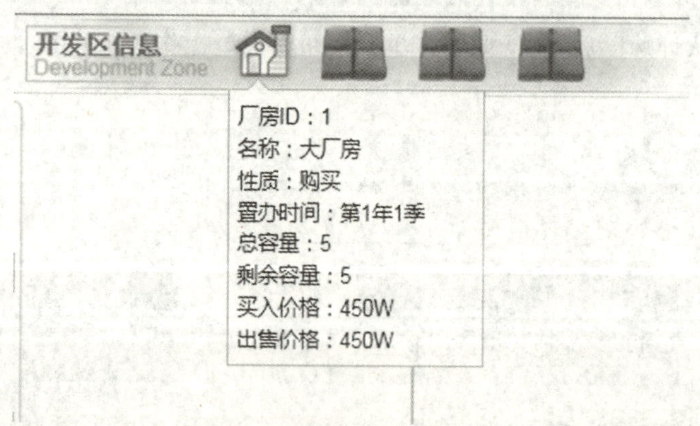

14. 点击“新建生产线”，弹出生产线建设窗口。

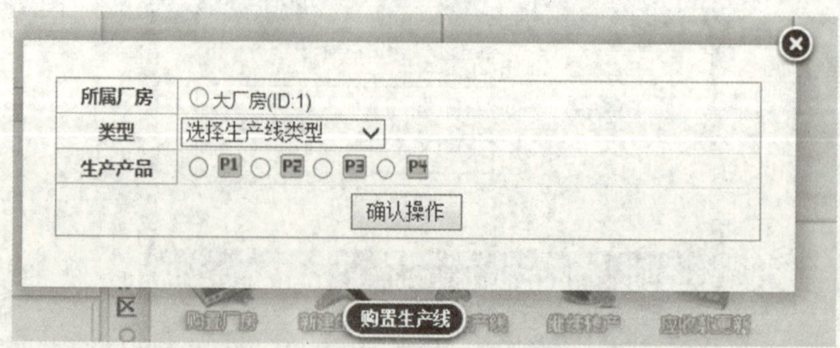

15. 选中“所属厂房”。

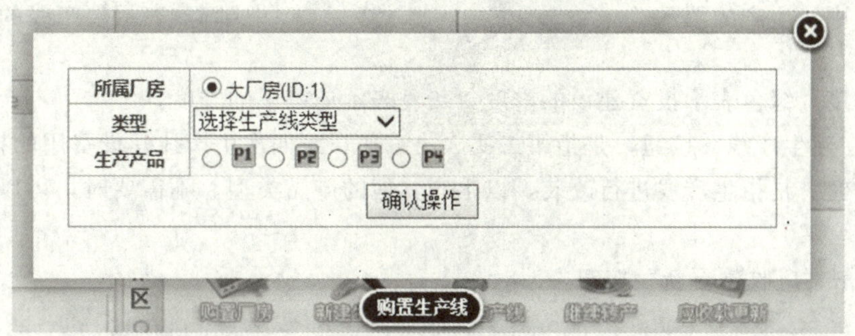

16. 选择生产线类型，此处选择建设一条柔性线。

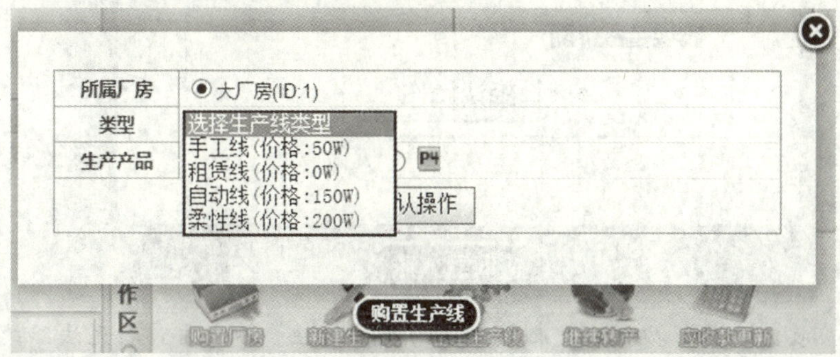

17. 选择生产产品，此处选择“P2”。

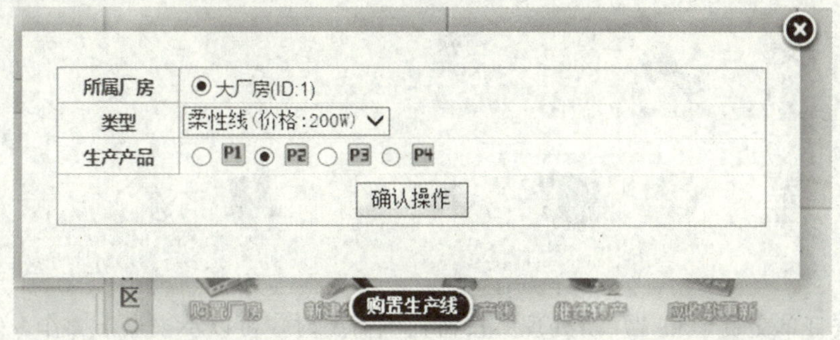

18. 确认操作后，商战主界面如下图。

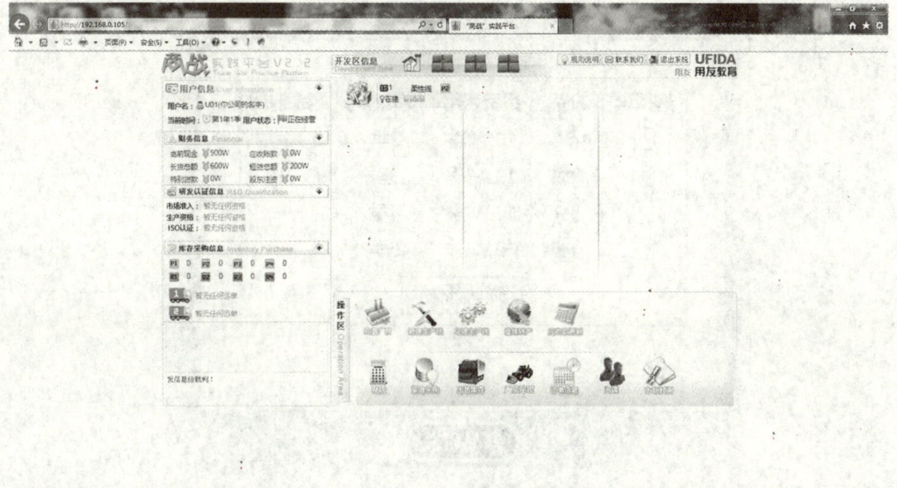

营业区中，生产的图示 

中表示生产线的安装周期需要 4 个季度，绿色表示投资建设的季度，灰色表示还剩下的季度。

19. “在建生产线”按钮，是指第二次、第三次、第四次生产线建设费用的投资。“继续转产”按钮，是指生产线进行改装，以生产其他的产品类型。不需要时，可以不去点击操作。

20. 点击“应收款更新”按钮。

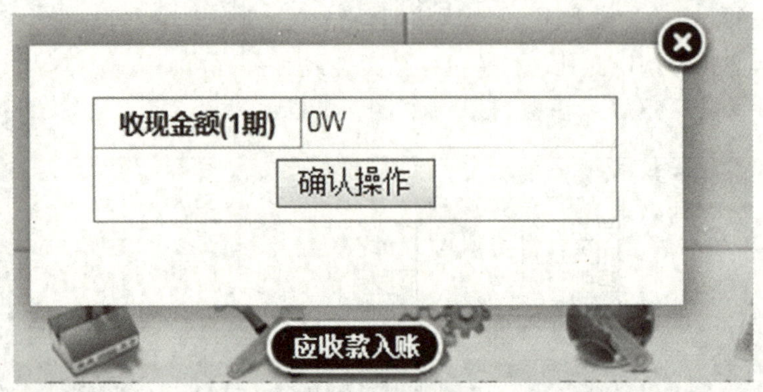

注意：“应收款更新”按钮，是必须点击的操作按钮。不点击，将无法继续运行下去。

21. 点击“应收款更新”弹出窗口的“确认操作”后，操作区界面如下图。

22. “按订单交货”和“厂房处理”按钮，不需要时，可以不去点击操作。

23. 点击“产品研发”按钮，弹出产品研发窗口。

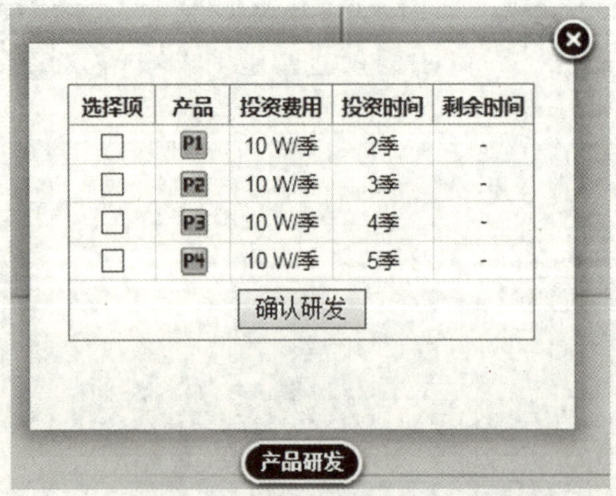

选择项	产品	投资费用	投资时间	剩余时间
□	P1	10 W/季	2季	-
□	P2	10 W/季	3季	-
□	P3	10 W/季	4季	-
□	P4	10 W/季	5季	-

24. 选择 P2 产品研发。

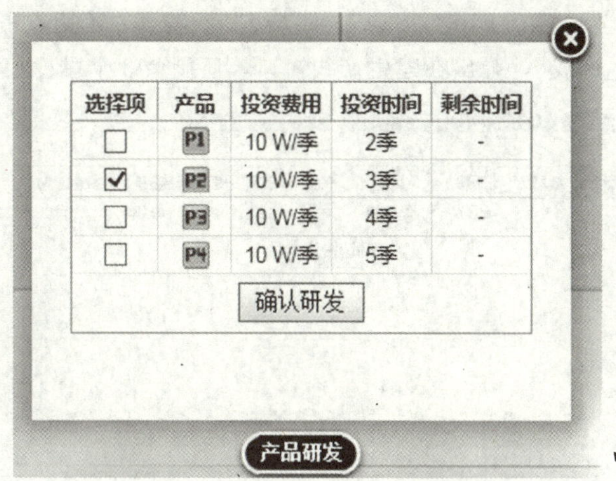

25. 点击“产品研发”弹出窗口的“确认研发”后，操作区界面如下图。

26. 点击“当季（年）结束”按钮，结束第 1 季度经营。自动完成的过程包括支付行政管理费、支付租金、检查“产品开发”完成情况。

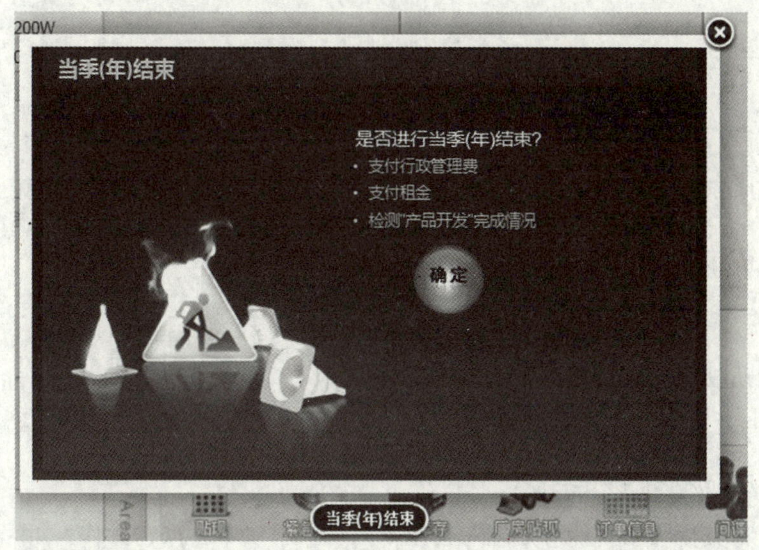

（三）第 2 季度经营

1. 点击“当季开始”按钮，开始第 2 季度经营。自动完成还本付息/更新短贷款、更新生产/完工入库、生产线完工/转产完工。

2. “短期贷款”不需要，可以不用点击操作。

3. 点击“更新原料库”，企业运营继续进行下去。

4. “下原料订单”、“购置厂房”、“新建生产线”不需要，不用点击操作。

5. 点击“在建生产线”，弹出在建生产线窗口，还剩余 3 个季度。

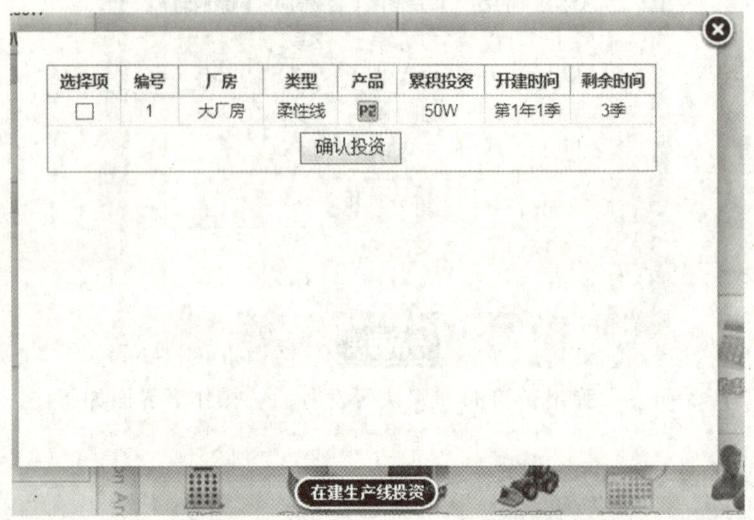

选择项	编号	厂房	类型	产品	累积投资	开建时间	剩余时间
□	1	大厂房	柔性线	P2	50W	第1年1季	3季

选中 P2 柔性生产线。

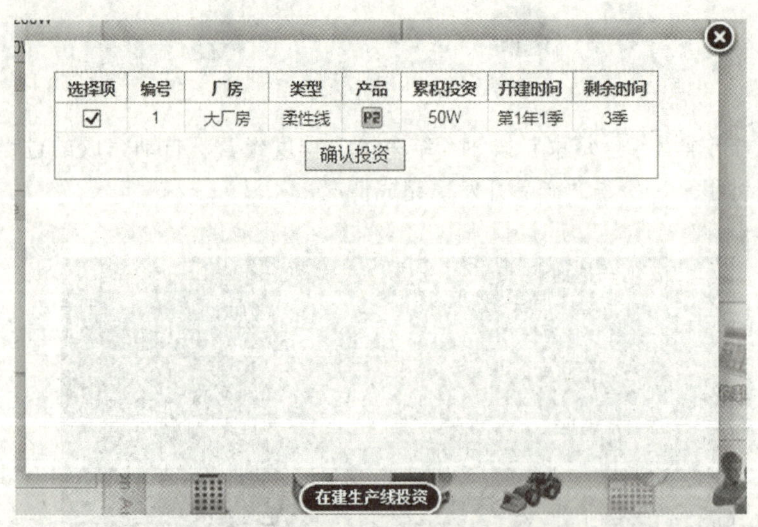

选择项	编号	厂房	类型	产品	累积投资	开建时间	剩余时间
☑	1	大厂房	柔性线	P2	50W	第1年1季	3季

点击“确认投资”后，营业区生产线变成了  。

6. “继续转产”按钮不需要，可以不去点击操作。

7. 点击“应收款更新”按钮。

8. “按订单交货”和“厂房处理”按钮不需要，可以不去点击操作。

9. 点击“产品研发”按钮，弹出产品研发窗口。剩余时间还剩下 2 个季度。

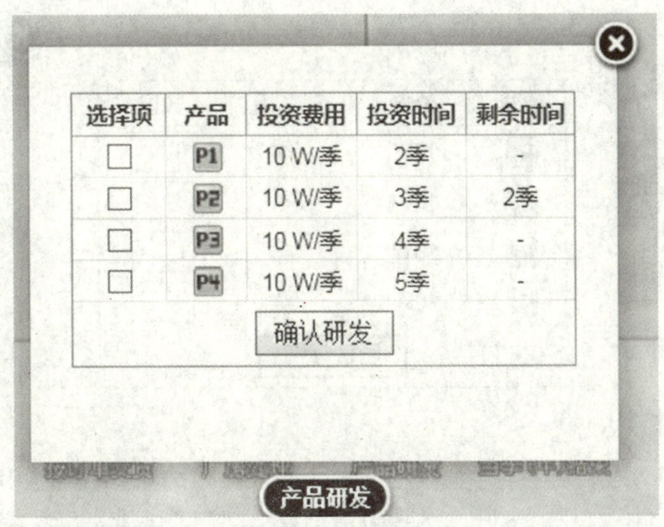

选择项	产品	投资费用	投资时间	剩余时间
☐	P1	10 W/季	2季	-
☐	P2	10 W/季	3季	2季
☐	P3	10 W/季	4季	-
☐	P4	10 W/季	5季	-

选择 P2 产品研发。

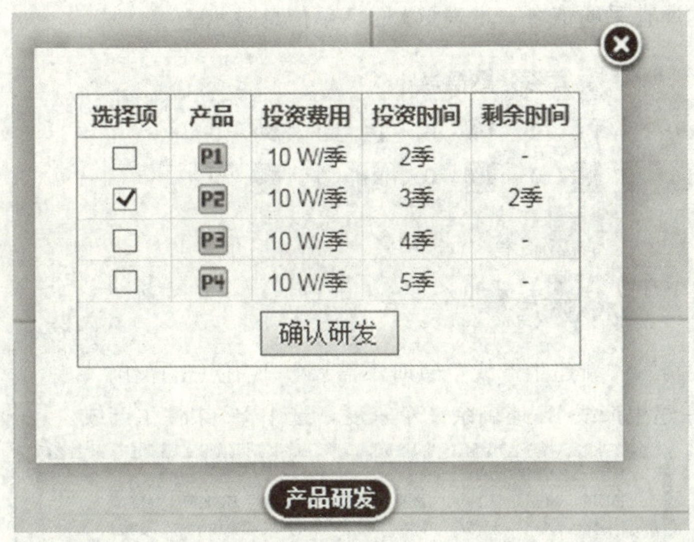

选择项	产品	投资费用	投资时间	剩余时间
☐	P1	10 W/季	2季	-
☑	P2	10 W/季	3季	2季
☐	P3	10 W/季	4季	-
☐	P4	10 W/季	5季	-

10. 点击“当季（年）结束”按钮，结束第 2 季度经营。自动完成支付行政管理费、支付租金、检查“产品开发”完成情况。

（四）第 3 季度经营

1. 点击“当季开始”按钮，开始第 3 季度经营。自动完成还本付息/更新短贷款、更新生产/完工入库、生产线完工/转产完工。

2. “短期贷款”不需要，可以不用点击操作。

3. 点击“更新原料库”，企业运营继续进行下去。

4. “下原料订单”。P2 产品需要 R2 和 R3。柔性生产线 4 个季度的安装周期，故第 2 年第 1 个季度可以使用。故，R3 原料需要提前 2 个季度，R2 需要提前 1 个季度。

原料	价格	运货期	数量
R1	10W	1季	0
R2	10W	1季	0
R3	10W	2季	1
R4	10W	2季	0

确认订购

订购原料

点击左侧的库存采购信息，出现 R3 的订单信息显示。

5. “购置厂房”、“新建生产线”暂时不需要，不用点击操作。

6. 点击“在建生产线”，还剩余 2 个季度，选中 P2 柔性生产线。

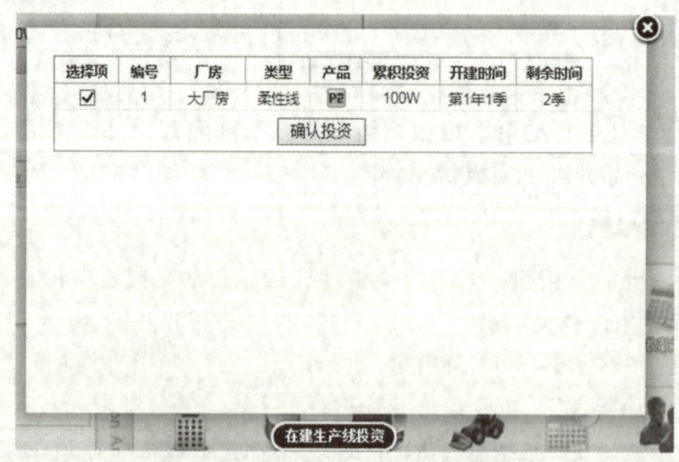

选择项	编号	厂房	类型	产品	累积投资	开建时间	剩余时间
☑	1	大厂房	柔性线	P2	100W	第1年1季	2季

点击“确认投资”后，营业区生产线变成了  。

7. “继续转产”按钮暂时不需要，可以不去点击操作。

8. 点击“应收款更新”按钮。

9. “按订单交货”和“厂房处理”按钮暂时不需要，可以不去点击操作。

10. 点击“产品研发”按钮，弹出产品研发窗口。剩余时间里显示还剩下1个季度。选择P2产品研发。

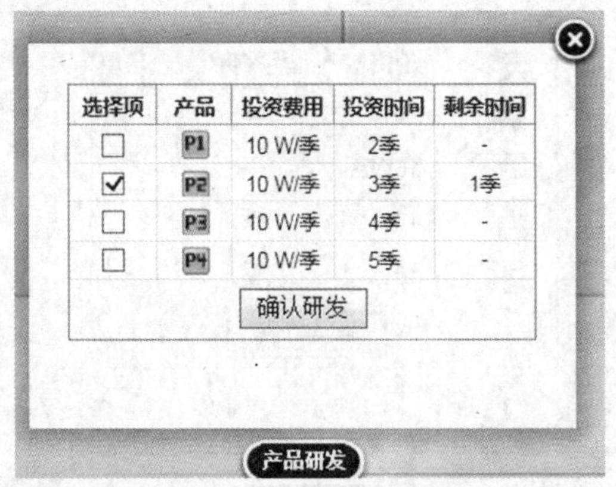

11. 点击“当季（年）结束”按钮，结束第3季度经营。自动完成支付行政管理费、支付租金、检查“产品开发”完成情况。点击左侧的研发认证信息，P2生产资格证出现。

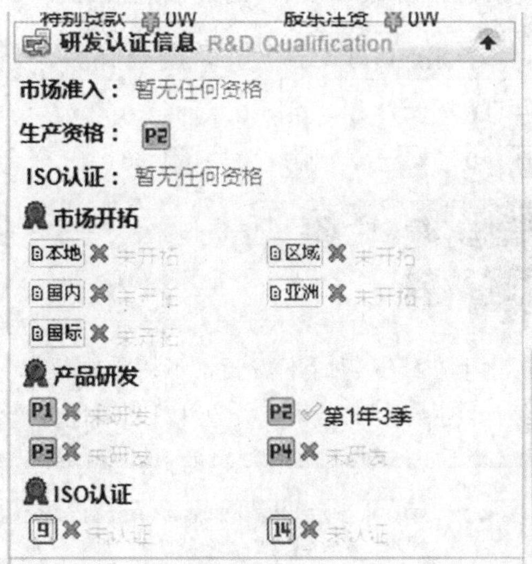

（五）第4季度经营

1. 点击“当季开始”按钮，开始第4季度经营。自动完成还本付息/更新短贷款、更新生产/完工入库、生产线完工/转产完工。

2. “短期贷款”暂时不需要，可以不用点击操作。

3. 点击“更新原料库”。点击左侧的库存采购信息，出现R3的订单信息显示，。

4. “下原料订单”。

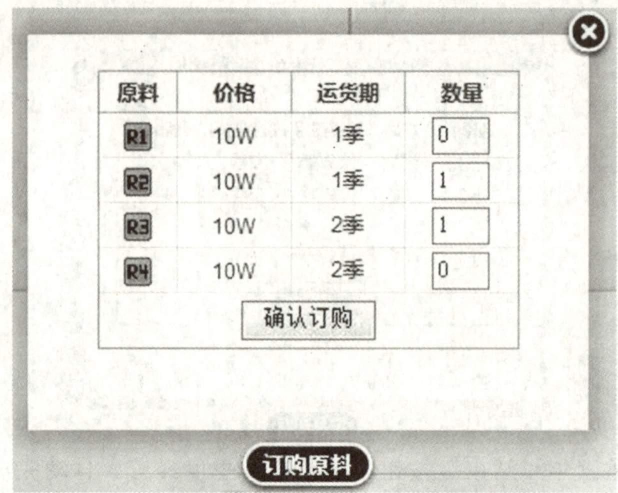

点击左侧的库存采购信息，出现 R2、R3 的订单信息显示。

5. “购置厂房”、“新建生产线”暂时不需要，不用点击操作。

6. 点击“在建生产线”，还剩余 1 个季度，选中 P2 柔性生产线。

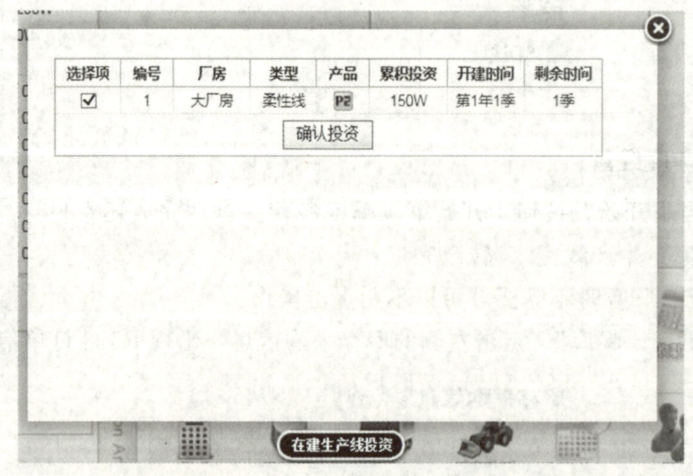

点击“确认投资”后，营业区生产线变成了 。

7. “继续转产”按钮暂时不需要，可以不去点击操作。

8. 点击“应收款更新”按钮，操作区多出了“市场开拓”和“ISO 投资”两个按钮，如下图。

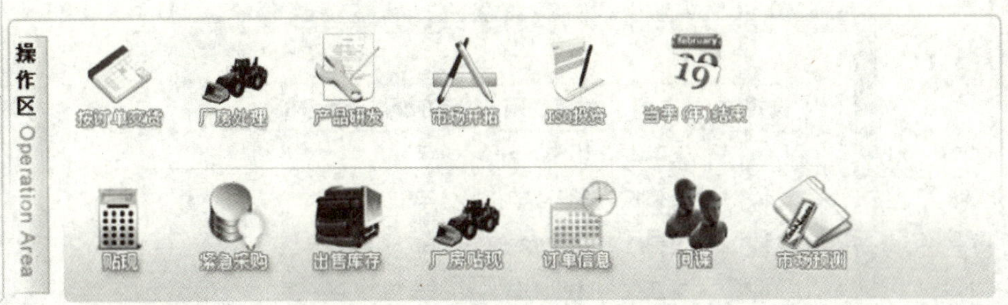

9. “按订单交货”和“厂房处理”按钮不需要，可以不去点击操作。

10. 点击“产品研发”按钮，弹出产品研发窗口。P2 产品已研发完毕，不再出现。

选择项	产品	投资费用	投资时间	剩余时间
☐	P1	10 W/季	2季	-
☐	P3	10 W/季	4季	-
☐	P4	10 W/季	5季	-

确认研发

产品研发

（六）年末经营

1. 点击“市场开拓”按钮。

选择项	市场	投资费用	投资时间	剩余时间
☐	本地	10 W/年	1年	-
☐	区域	10 W/年	1年	-
☐	国内	10 W/年	2年	-
☐	亚洲	10 W/年	3年	-
☐	国际	10 W/年	4年	-

确认研发

开拓市场

选中本地、区域、国内、亚洲和国际市场，投资开拓市场。

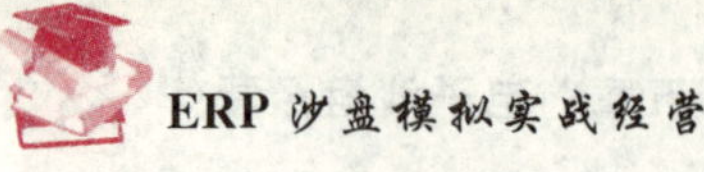

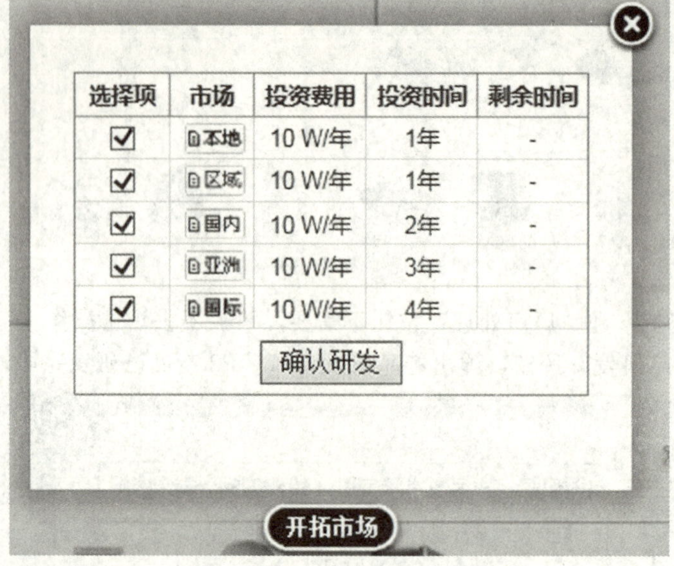

点击左侧的研发认证信息，对比市场开拓前后。

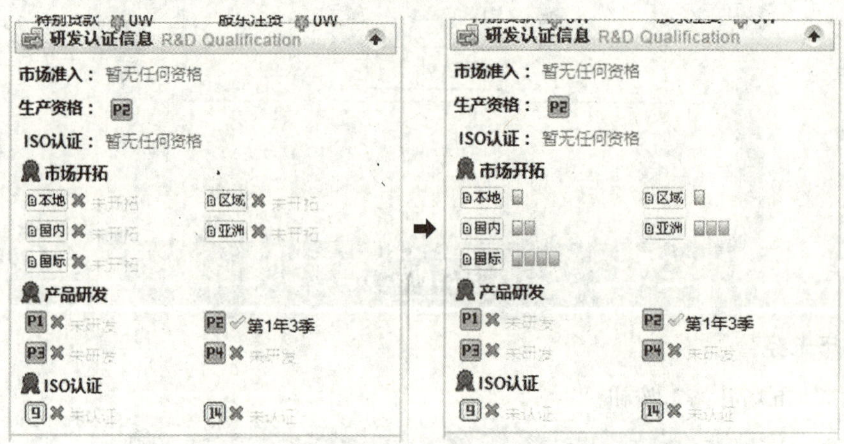

2. 点击“ISO 投资”按钮。选中 ISO9000，投资 ISO9K 研发。

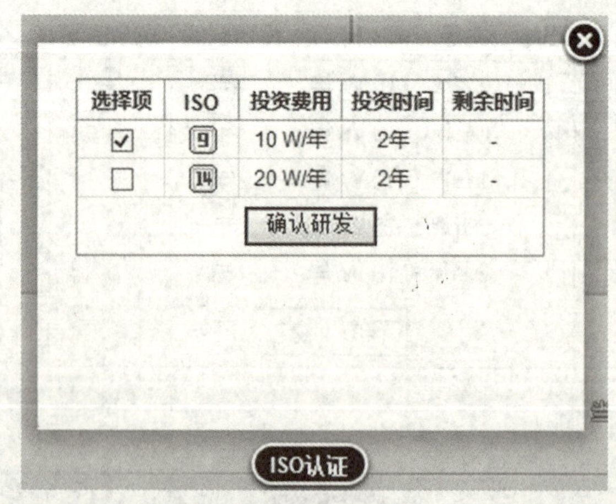

点击左侧的研发认证信息，查看 9K 的研发情况。

3. 点击“当季（年）结束”按钮，结束本年度所有经营。自动完成的过程包括支付行政管理费、支付租金、检查“产品开发”完成情况、检测“新市场开拓、ISO资格认证投资”完成情况、支付设备维修费、计提折旧、违约扣款。

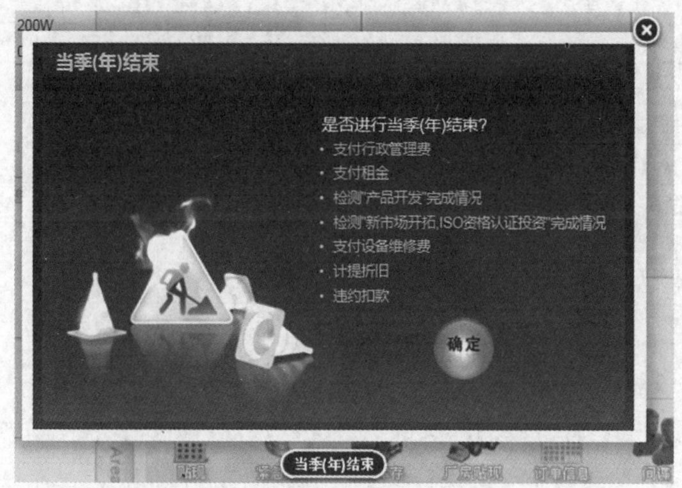

“确定”后，操作区界面会发生改变，如下图：

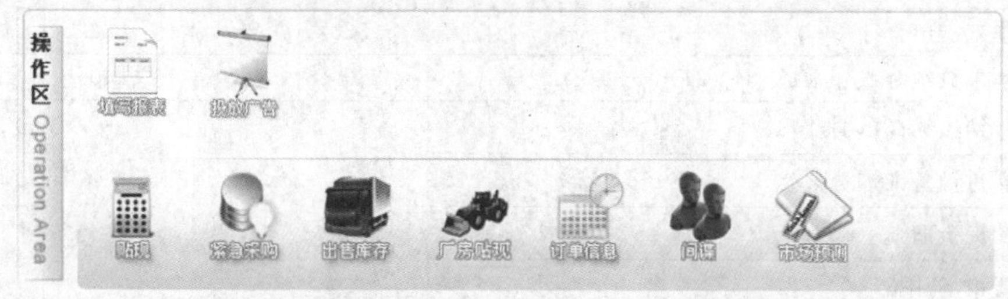

注意：①“填写报表”按钮为第1年结束后、第2年年初开始前的操作。

②“投放广告”按钮为第2年年初的操作，只要点击了“投放广告”按钮，就表示开始了第2年经营。

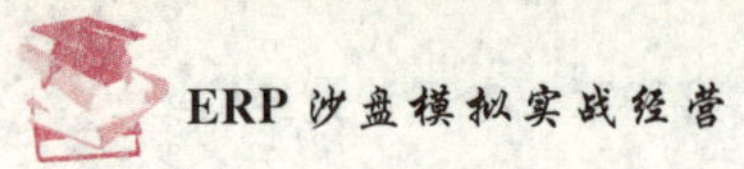

（七）起始模拟经营年企业经营记录表

企业经营记录表

企业经营流程 请按顺序执行下列各项操作。		每执行完一项操作，请在相应的方格内打勾。 同时在方格中填写现金收支情况，收入用+，支出用-。			
年初	年初规划会议/现金盘点	600			
	广告投放	√			
	参加订货会选订单/登记订单	√			
	支付应付税	√			
	支付长贷利息	√			
	更新长期贷款/长期贷款还款	√			
	申请长期贷款	600			
1	季初盘点（请填余额）	1200	880	810	740
2	更新短期贷款/短期贷款还本付息	√	√	√	√
3	申请短期贷款	200	√	√	√
4	原材料入库/更新原料订单	√	√	√	√
5	下原料订单	√	√	1R3	1R2 1R3
6	购买/租用——厂房	-450	√	√	√
7	更新生产/完工入库	√	√	√	√
8	新建/在建/转产/变卖——生产线	-50	-50	-50	-50
9	紧急采购（随时进行）	√	√	√	√
10	开始下一批生产	√	√	√	√
11	更新应收款/应收款收现	√	√	√	√
12	按订单交货	√	√	√	√
13	产品研发投资	-10	-10	-10	
14	厂房——出售（买转租）/退租/租转买	√	√	√	√
15	支付管理费	-10	-10	-10	-10
16	更新厂房租金	√	√	√	√
17	出售库存	√	√	√	√
18	厂房贴现	√	√	√	√
19	应收款贴现	√	√	√	√
20	季末收入合计	200	0	0	0
21	季末支出合计	-520	-70	-70	-60
22	季末数额对账 [(1) + (21) + (22)]	880	810	740	680
年末	缴纳违约订单罚款				0
	支付设备维护费				0
	计提折旧				(0)
	新市场开拓				-50
	ISO资格投资				-10
	结账				620

（八）起始模拟经营年综合管理费用明细表

项目	金额	备注
管理费	40	
广告费	0	
维修费	0	
租　金	0	
转产费	0	
市场准入	50	√本地√区域√国内√亚洲√国际
ISO资格认证	10	√ ISO9000　□1SO14000
产品研发	30	P1（　）P2（30）P3（　）P4（　）
其　他	0	
合　计	130	

（九）起始模拟经营年利润表/损益表

项目	金额
销售收入	0
直接成本	0
毛利	0
综合费用	130
折旧前利润	—130
折旧	0
支付利息前利润	—130
财务支出	0
税前利润	—130
所得税	0
净利润	—130

（十）起始模拟经营年资产负债表

项目	金额	项目	金额
现金	620	长期负债	600
应收款	0	短期负债	200
在制品	0	特别贷款	0
产成品	0	所得税	0
原材料	0	——	——
流动资产合计	620	负债合计	800

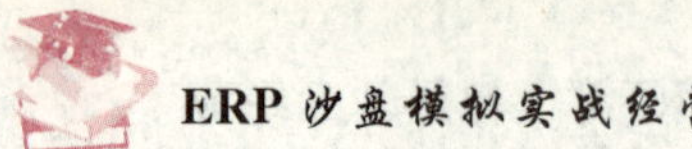

厂房	450	股东资本	600
生产线	0	利润留存	0
在建工程	200	年度净利	−130
固定资产合计	650	**所有者权益合计**	470
资产总计	1270	**负债和所有者权益总计**	1270

★补充事项：

1. 操作区的为经营过程中，随时可以进行点击操作的图标。

2. 当年经营结束后，点击“财务报表”图标，把编制好的资产负债表填上。

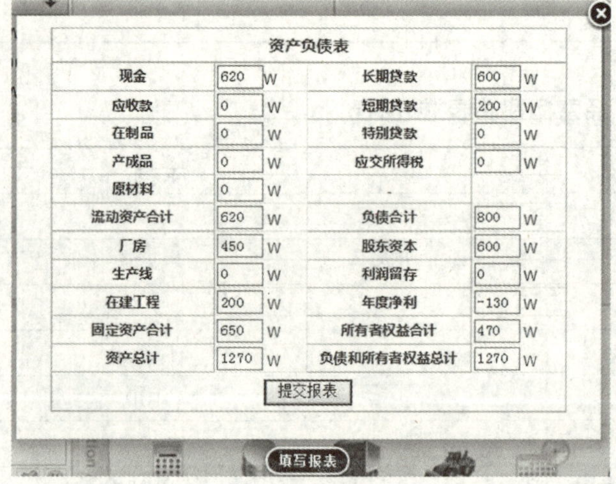

资产负债表

现金	620 W	长期贷款	600 W
应收款	0 W	短期贷款	200 W
在制品	0 W	特别贷款	0 W
产成品	0 W	应交所得税	0 W
原材料	0 W		
流动资产合计	620 W	负债合计	800 W
厂房	450 W	股东资本	600 W
生产线	0 W	利润留存	0 W
在建工程	200 W	年度净利	-130 W
固定资产合计	650 W	所有者权益合计	470 W
资产总计	1270 W	负债和所有者权益总计	1270 W

3. 点击“投放广告”，填写上广告金额。

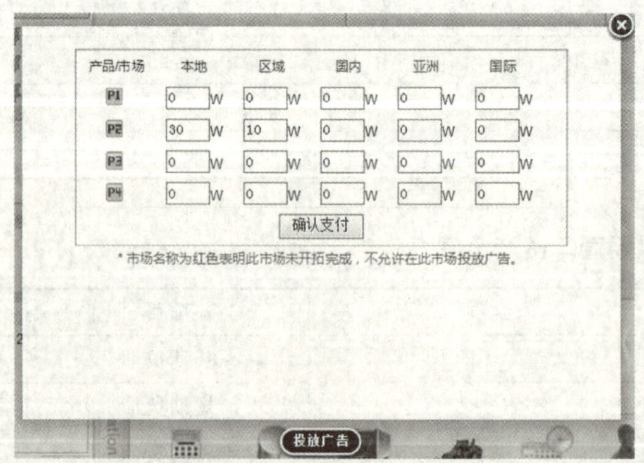

产品/市场	本地	区域	国内	亚洲	国际
P1	0 W	0 W	0 W	0 W	0 W
P2	30 W	10 W	0 W	0 W	0 W
P3	0 W	0 W	0 W	0 W	0 W
P4	0 W	0 W	0 W	0 W	0 W

4. 点击“确认支付”，将会开始第 2 年的经营。自动完成的过程包括支付广告费、支付所得税、还本付息 /更新长期贷款。

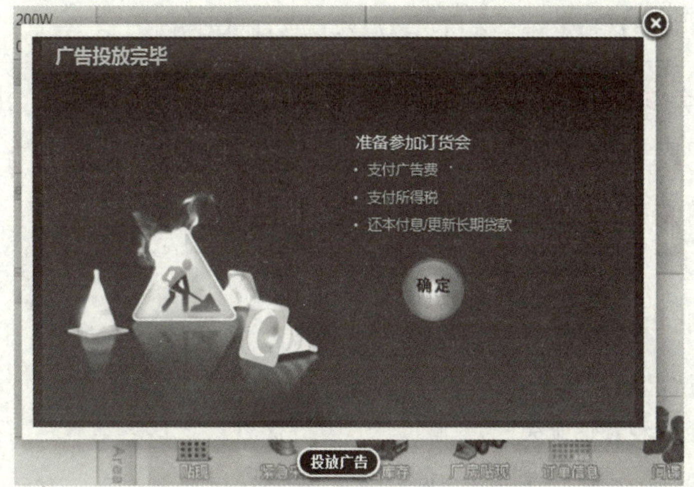

5. 等待全部企业完成经营后，裁判开始召开产品订货会。点击“参加订货会”，进入第 2 年的产品订货会现场。开始订货会后，订货会窗口的最上方将会提醒正在选单的市场、产品、企业组号。

6. 根据提醒，点击相应的市场，进入该市场产品订货会现场。

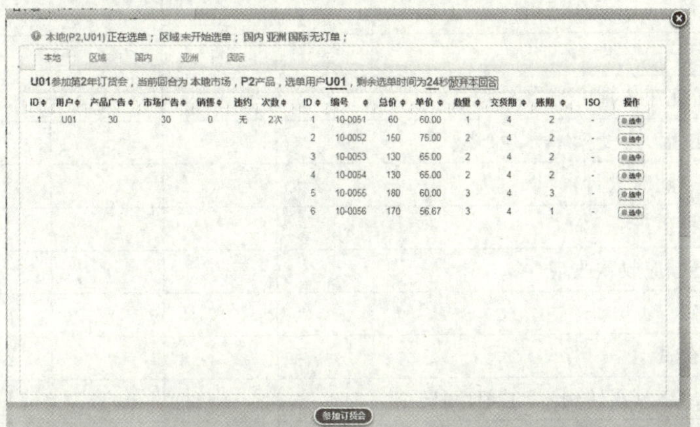

7. 根据产品单价、数量、交货期和账期，选择想要的订单，点击该订单一行的 选中 按钮即可。因为网络会有延迟，一定不要等到 10 秒内再选，有可能订单丢失。所以，开始订货会以前，就要成员间讨论自己企业想要什么样的订单，有个大体的方向后，再选单的时候，就比较轻松，不会出现最后几秒选订单的情形了。

> 请大家再回顾下商战电子沙盘的运营流程，现在，裁判把后台重新初始化一下，大家再重新从头开始体现一下商战电子沙盘的企业运营流程！

四、企业正式经营第一年

股东资本为600M。接下来，请等待裁判的指令！

1. 第1年企业经营记录表

企业经营记录表

企业经营流程 请按顺序执行下列各项操作。		每执行完一项操作，请在相应的方格内打勾。 同时在方格中填写现金收支情况，收入用＋，支出用－。			
年初	年初规划会议/现金盘点				
	广告投放				
	参加订货会选订单/登记订单				
	支付应付税				
	支付长贷利息				
	更新长期贷款/长期贷款还款				
	申请长期贷款				
1	季初盘点（请填余额）				
2	更新短期贷款/短期贷款还本付息				
3	申请短期贷款				
4	原材料入库/更新原料订单				
5	下原料订单				
6	购买/租用——厂房				
7	更新生产/完工入库				
8	新建/在建/转产/变卖——生产线				
9	紧急采购（随时进行）				
10	开始下一批生产				
11	更新应收款/应收款收现				
12	按订单交货				
13	产品研发投资				
14	厂房——出售（买转租）/退租/租转买				
15	支付管理费				
16	更新厂房租金				
17	出售库存				
18	厂房贴现				

19	应收款贴现				
20	季末收入合计				
21	季末支出合计				
22	季末数额对账［（1）＋（21）＋（22）］				
年末	缴纳违约订单罚款				
	支付设备维护费				
	计提折旧				（ ）
	新市场开拓				
	ISO 资格投资				
	结账				

2. 第 1 年财务报表

（1）第 1 年综合管理费用明细表

项目	金额	备注
管理费		
广告费		
维修费		
租　金		
转产费		
市场准入		□本地□区域□国内□亚洲□国际
ISO 资格认证		□ ISO9000　　□1SO14000
产品研发		P1（ ）P2（ ）P3（ ）P4（ ）
其　他		
合　计		

（2）第 1 年利润表/损益表

项目	金额
销售收入	
直接成本	
毛利	
综合费用	
折旧前利润	
折旧	
支付利息前利润	
财务支出	
税前利润	
所得税	
净利润	

(3) 第1年资产负债表

项目	金额	项目	金额
现金		长期负债	
应收款		短期负债	
在制品		特别贷款	
产成品		所得税	
原材料		——	——
流动资产合计		**负债合计**	
厂房		股东资本	
生产线		利润留存	
在建工程		年度净利	
固定资产合计		**所有者权益合计**	
资产总计		**负债和所有者权益总计**	

3. 第1年笔记事项

五、企业正式经营第二年

1. 第2年广告费投放

组别：________ 第________ 年

市场 产品	本地	区域	国内	亚洲	国际
P1					
P2					
P3					
P4					

2. 第 2 年订单登记表

订单号											合计
市场											
产品											
数量											
账期											
销售额											
成本											
毛利											
未售											

3. 第 2 年企业经营记录表

企业经营记录表

企业经营流程 请按顺序执行下列各项操作。		每执行完一项操作，请在相应的方格内打勾。 同时在方格中填写现金收支情况，收入用＋，支出用－。			
年初	年初规划会议/现金盘点				
	广告投放				
	参加订货会选订单/登记订单				
	支付应付税				
	支付长贷利息				
	更新长期贷款/长期贷款还款				
	申请长期贷款				
1	季初盘点（请填余额）				
2	更新短期贷款/短期贷款还本付息				
3	申请短期贷款				
4	原材料入库/更新原料订单				
5	下原料订单				
6	购买/租用——厂房				
7	更新生产/完工入库				
8	新建/在建/转产/变卖——生产线				
9	紧急采购（随时进行）				
10	开始下一批生产				
11	更新应收款/应收款收现				
12	按订单交货				
13	产品研发投资				
14	厂房——出售（买转租）/退租/租转买				

15	支付管理费				
16	更新厂房租金				
17	出售库存				
18	厂房贴现				
19	应收款贴现				
20	季末收入合计				
21	季末支出合计				
22	季末数额对账［（1）＋（21）＋（22）］				
年末	缴纳违约订单罚款				
	支付设备维护费				
	计提折旧				（　）
	新市场开拓				
	ISO 资格投资				
	结账				

4. 第 2 年产品销售核算表

项目＼产品	P1	P2	P3	P4	合计
数量					
销售额					
成本					
毛利					

5. 第 2 年财务报表

（1）第 2 年综合管理费用明细表

项目	金额	备注
管理费		
广告费		
维修费		
租　金		
转产费		
市场准入		□本地□区域□国内□亚洲□国际
ISO 资格认证		□ ISO9000　　□1SO14000
产品研发		P1（　）P2（　）P3（　）P4（　）
其　他		
合　计		

（2）第2年利润表/损益表

项目	金额
销售收入	
直接成本	
毛利	
综合费用	
折旧前利润	
折旧	
支付利息前利润	
财务支出	
税前利润	
所得税	
净利润	

（3）第2年资产负债表

项目	金额	项目	金额
现金		长期负债	
应收款		短期负债	
在制品		特别贷款	
产成品		所得税	
原材料		——	——
流动资产合计		负债合计	
厂房		股东资本	
生产线		利润留存	
在建工程		年度净利	
固定资产合计		所有者权益合计	
资产总计		负债和所有者权益总计	

3. 第2年笔记事项

六、企业正式经营第三年

1. 第3年广告费投放

组别：＿＿＿＿＿＿　　第＿＿＿＿年

市场 产品	本地	区域	国内	亚洲	国际
P1					
P2					
P3					
P4					

2. 第3年订单登记表

订单号											合计
市场											
产品											
数量											
账期											
销售额											
成本											
毛利											
未售											

3. 第3年企业经营记录表

企业经营记录表

企业经营流程 请按顺序执行下列各项操作。		每执行完一项操作，请在相应的方格内打勾。 同时在方格中填写现金收支情况，收入用＋，支出用－。			
年初	年初规划会议/现金盘点				
	广告投放				
	参加订货会选订单/登记订单				
	支付应付税				
	支付长贷利息				
	更新长期贷款/长期贷款还款				
	申请长期贷款				
1	季初盘点（请填余额）				

2	更新短期贷款/短期贷款还本付息				
3	申请短期贷款				
4	原材料入库/更新原料订单				
5	下原料订单				
6	购买/租用——厂房				
7	更新生产/完工入库				
8	新建/在建/转产/变卖——生产线				
9	紧急采购（随时进行）				
10	开始下一批生产				
11	更新应收款/应收款收现				
12	按订单交货				
13	产品研发投资				
14	厂房——出售（买转租）/退租/租转买				
15	支付管理费				
16	更新厂房租金				
17	出售库存				
18	厂房贴现				
19	应收款贴现				
20	季末收入合计				
21	季末支出合计				
22	季末数额对账［（1）＋（21）＋（22）］				
年末	缴纳违约订单罚款				
	支付设备维护费				
	计提折旧				（　）
	新市场开拓				
	ISO 资格投资				
	结账				

4. 第 3 年产品销售核算表

项目＼产品	P1	P2	P3	P4	合计
数量					
销售额					
成本					
毛利					

5. 第 3 年财务报表

（1）第 3 年综合管理费用明细表

项目	金额	备注
管理费		
广告费		
维修费		
租　金		
转产费		
市场准入		□本地□区域□国内□亚洲□国际
ISO 资格认证		□ ISO9000　□1SO14000
产品研发		P1（　）P2（　）P3（　）P4（　）
其　他		
合　计		

（2）第 3 年利润表/损益表

项目	金额
销售收入	
直接成本	
毛利	
综合费用	
折旧前利润	
折旧	
支付利息前利润	
财务支出	
税前利润	
所得税	
净利润	

（3）第 3 年资产负债表

项目	金额	项目	金额
现金		长期负债	
应收款		短期负债	
在制品		特别贷款	
产成品		所得税	
原材料		——	——
流动资产合计		负债合计	

厂房		股东资本	
生产线		利润留存	
在建工程		年度净利	
固定资产合计		**所有者权益合计**	
资产总计		**负债和所有者权益总计**	

3. 第 3 年笔记事项

七、企业正式经营第四年

1. 第 4 年广告费投放

组别：＿＿＿＿＿＿＿　第＿＿＿＿＿年

市场 产品	本地	区域	国内	亚洲	国际
P1					
P2					
P3					
P4					

2. 第 4 年订单登记表

订单号											合计
市场											
产品											
数量											
账期											
销售额											
成本											
毛利											
未售											

3. 第 4 年企业经营记录表

企业经营记录表

企业经营流程
请按顺序执行下列各项操作。

每执行完一项操作，请在相应的方格内打勾。
同时在方格中填写现金收支情况，收入用＋，支出用－。

年初	年初规划会议/现金盘点				
	广告投放				
	参加订货会选订单/登记订单				
	支付应付税				
	支付长贷利息				
	更新长期贷款/长期贷款还款				
	申请长期贷款				
1	季初盘点（请填余额）				
2	更新短期贷款/短期贷款还本付息				
3	申请短期贷款				
4	原材料入库/更新原料订单				
5	下原料订单				
6	购买/租用——厂房				
7	更新生产/完工入库				
8	新建/在建/转产/变卖——生产线				
9	紧急采购（随时进行）				
10	开始下一批生产				
11	更新应收款/应收款收现				
12	按订单交货				
13	产品研发投资				
14	厂房——出售（买转租）/退租/租转买				
15	支付管理费				
16	更新厂房租金				
17	出售库存				
18	厂房贴现				
19	应收款贴现				
20	季末收入合计				
21	季末支出合计				
22	季末数额对账［（1）＋（21）＋（22）］				
年末	缴纳违约订单罚款				
	支付设备维护费				
	计提折旧				（　）
	新市场开拓				
	ISO 资格投资				
	结账				

4. 第 4 年产品销售核算表

产品 项目	P1	P2	P3	P4	合计
数量					
销售额					
成本					
毛利					

5. 第 4 年财务报表

（1）第 4 年综合管理费用明细表

项目	金额	备注
管理费		
广告费		
维修费		
租　金		
转产费		
市场准入		□本地□区域□国内□亚洲□国际
ISO 资格认证		□ ISO9000　　□1SO14000
产品研发		P1（　）P2（　　）P3（　）P4（　）
其　他		
合　计		

（2）第 4 年利润表/损益表

项目	金额
销售收入	
直接成本	
毛利	
综合费用	
折旧前利润	
折旧	
支付利息前利润	
财务支出	
税前利润	
所得税	
净利润	

(3) 第4年资产负债表

项目	金额	项目	金额
现金		长期负债	
应收款		短期负债	
在制品		特别贷款	
产成品		所得税	
原材料		——	——
流动资产合计		**负债合计**	
厂房		股东资本	
生产线		利润留存	
在建工程		年度净利	
固定资产合计		**所有者权益合计**	
资产总计		**负债和所有者权益总计**	

3. 第4年笔记事项

八、企业正式经营第五年

1. 第5年广告费投放

组别：________ 第________年

市场 产品	本地	区域	国内	亚洲	国际
P1					
P2					
P3					
P4					

2. 第 5 年订单登记表

订单号											合计
市场											
产品											
数量											
账期											
销售额											
成本											
毛利											
未售											

3. 第 5 年企业经营记录表

企业经营记录表

企业经营流程 请按顺序执行下列各项操作。		每执行完一项操作，请在相应的方格内打勾。 同时在方格中填写现金收支情况，收入用＋，支出用－。			
年初	年初规划会议/现金盘点				
	广告投放				
	参加订货会选订单/登记订单				
	支付应付税				
	支付长贷利息				
	更新长期贷款/长期贷款还款				
	申请长期贷款				
1	季初盘点（请填余额）				
2	更新短期贷款/短期贷款还本付息				
3	申请短期贷款				
4	原材料入库/更新原料订单				
5	下原料订单				
6	购买/租用——厂房				
7	更新生产/完工入库				
8	新建/在建/转产/变卖——生产线				
9	紧急采购（随时进行）				
10	开始下一批生产				
11	更新应收款/应收款收现				
12	按订单交货				
13	产品研发投资				
14	厂房——出售（买转租）/退租/租转买				

15	支付管理费				
16	更新厂房租金				
17	出售库存				
18	厂房贴现				
19	应收款贴现				
20	季末收入合计				
21	季末支出合计				
22	季末数额对账［（1）＋（21）＋（22）］				
年末	缴纳违约订单罚款				
	支付设备维护费				
	计提折旧				（　　）
	新市场开拓				
	ISO 资格投资				
	结账				

4. 第 5 年产品销售核算表

项目＼产品	P1	P2	P3	P4	合计
数量					
销售额					
成本					
毛利					

5. 第 5 年财务报表

（1）第 5 年综合管理费用明细表

项目	金额	备注
管理费		
广告费		
维修费		
租　金		
转产费		
市场准入		□本地□区域□国内□亚洲□国际
ISO 资格认证		□ ISO9000　□1SO14000
产品研发		P1（　）P2（　　）P3（　）P4（　）
其　他		
合　计		

（2）第 5 年利润表/损益表

项目	金额
销售收入	
直接成本	
毛利	
综合费用	
折旧前利润	
折旧	
支付利息前利润	
财务支出	
税前利润	
所得税	
净利润	

（3）第 5 年资产负债表

项目	金额	项目	金额
现金		长期负债	
应收款		短期负债	
在制品		特别贷款	
产成品		所得税	
原材料		——	——
流动资产合计		负债合计	
厂房		股东资本	
生产线		利润留存	
在建工程		年度净利	
固定资产合计		所有者权益合计	
资产总计		负债和所有者权益总计	

3. 第 5 年笔记事项

九、企业正式经营第六年

1. 第6年广告费投放

组别：____________ 第__________ 年

市场 产品	本地	区域	国内	亚洲	国际
P1					
P2					
P3					
P4					

2. 第6年订单登记表

订单号											合计
市场											
产品											
数量											
账期											
销售额											
成本											
毛利											
未售											

3. 第6年企业经营记录表

企业经营记录表

企业经营流程 请按顺序执行下列各项操作。		每执行完一项操作，请在相应的方格内打勾。 同时在方格中填写现金收支情况，收入用+，支出用-。			
年初	年初规划会议/现金盘点				
	广告投放				
	参加订货会选订单/登记订单				
	支付应付税				
	支付长贷利息				
	更新长期贷款/长期贷款还款				
	申请长期贷款				
1	季初盘点（请填余额）				

2	更新短期贷款/短期贷款还本付息				
3	申请短期贷款				
4	原材料入库/更新原料订单				
5	下原料订单				
6	购买/租用——厂房				
7	更新生产/完工入库				
8	新建/在建/转产/变卖——生产线				
9	紧急采购（随时进行）				
10	开始下一批生产				
11	更新应收款/应收款收现				
12	按订单交货				
13	产品研发投资				
14	厂房——出售（买转租）/退租/租转买				
15	支付管理费				
16	更新厂房租金				
17	出售库存				
18	厂房贴现				
19	应收款贴现				
20	季末收入合计				
21	季末支出合计				
22	季末数额对账［（1）＋（21）＋（22）］				
年末	缴纳违约订单罚款				
	支付设备维护费				
	计提折旧				（　）
	新市场开拓				
	ISO资格投资				
	结账				

4. 第6年产品销售核算表

产品 / 项目	P1	P2	P3	P4	合计
数量					
销售额					
成本					
毛利					

5. 第6年财务报表

（1）第6年综合管理费用明细表

项目	金额	备注
管理费		
广告费		
维修费		
租　金		
转产费		
市场准入		□本地□区域□国内□亚洲□国际
ISO资格认证		□ ISO9000　□1SO14000
产品研发		P1（　）P2（　）P3（　）P4（　）
其　他		
合　计		

（2）第6年利润表/损益表

项目	金额
销售收入	
直接成本	
毛利	
综合费用	
折旧前利润	
折旧	
支付利息前利润	
财务支出	
税前利润	
所得税	
净利润	

（3）第6年资产负债表

项目	金额	项目	金额
现金		长期负债	
应收款		短期负债	
在制品		特别贷款	
产成品		所得税	
原材料		——	——
流动资产合计		负债合计	

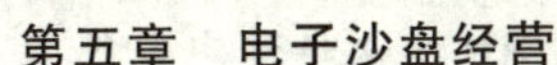

厂房		股东资本	
生产线		利润留存	
在建工程		年度净利	
固定资产合计		**所有者权益合计**	
资产总计		**负债和所有者权益总计**	

3. 第 6 年笔记事项

第六章 沙盘比赛

6.1 沙盘比赛介绍

从 2005 年用友公司发起举办全国大学生企业模拟经营沙盘大赛，截止到 2016 年已经成功举办了十二届，赛项分为：本科组、高职组、中职组。大赛涉及来自全国 32 个省、市、自治区的 2000 多所高等院校和职业院校以及部分港澳台院校，参赛学生（含校内赛）累计已超过 40 万人。是面向经管及财经大类学生的参赛规模最大、影响力最广的赛事。

沙盘大赛以生产型企业为背景，让每个参赛者置身商业实战场景，以各自代表的企业经营管理者的身份，涉及财务、物流、生产、营销等重要角色，实地体验商业竞争的激烈性。在整个沙盘模拟操作过程中能够极大地激发参赛者的学习热情，锻炼参赛者全局观念以及规划能力。

沙盘大赛，是一个发现自己的舞台，是一个展示自己的舞台，是一个提升自己的舞台，更是一个锻炼自己的舞台，这儿有青春、有梦想、有热血、有坚持，有你在日常生活、学习中找不到的活力和奋进。沙盘大赛，更能让你在这个舞台中认识来自省内外的众多朋友，把不同专业、不同班级、不同院校、不同地域的朋友们汇聚在一起。

6.2 沙盘比赛心得

一、沙盘大赛，我心已许

终于做完了，坐在电脑前听着音乐好像不知道该何去何从了。沙盘暂时告一段落了，好像有点空虚，没有前两个月那么的充实了。

或许我不是一名好学生吧，从初中直到读完高一来济南上 3+2，在商贸的两年我大有收获，很感谢辅导员，是她让我认识到在学习以外的方面我还有比别人强的地方，让我建立起来自信心，使我相信我不比任何人差。来到了长清，竞选学生会我失败了，但并没有打击我的自信心，我知道在学习方面我或许赶不上别人但是为了以后我必须要提升自己各方面的能力。我不能荒废学业，我告诉自己每年必须都有收获，这一年我学到了什么，即使很少也是收获，后来我参加了实训中心的运营经理的竞选，在竞赛中我帮助大家把一个班级团结起来，凝固起来，最终我们的努力没有白费，得到了系主任很感慨的一句："我被震撼了！"听了这句话，心里真的很激动，我终于做出了自己的成绩，不管最终结果如何我知道我努力、尽力了。要做的更好，只有继续提升自己的能力使自己得到锻炼。直至后来我参加学校的 ERP 沙盘。

参加 ERP 沙盘完全是个意外，当时导员老师在班级说了后，并没有太在意，后来班

长说叫我带队参加比赛，当时有点矛盾，去的话我玩电脑的时间大大缩水，甚至5.1端午节都没时间回家了，去还是不去呢？我没接触过，网上查了查资料也少的可怜，我不知道学习完了对我们有什么帮助，最终，我选择了去，我知道学校不会骗我们，对我们来说总是有好处的，最终我们组成了团队，L. S，C. C，Y. W. W。

培训开始了，每天说晚上10点半结束，但是回到宿舍的时候都得到11点半，我们还好，可怜了女生，她们10点半就熄灯了，回去只能抹黑洗刷，第一次培训我们拿了第一，原因是别人都破产了，只有我们死撑了下来，因为我们听了马云的一句话，也是我们之后的战略方针："活下去，挣钱。"只记得当时我们的双眼死盯着大屏幕，嘴里喊着自己所在的组数，那种感觉，那种心情，常人是根本体会不到的，一个好的接单直接导致你本年度的经营的成功与失败，后来我们逐渐败落了，好多的组都赶了上来，团队中有人开始打退堂鼓了，这不是我们所要的，"团队就是不能让任何一个人失败"我们不能让任何一个人失败退缩。我们相互鼓励，最后终于建立起大家的自信心，我知道那时候去参加比赛我们可能已经赶不上最大的竞争对手C组了。初选前一天的培训我们4个人分开做了，最终我们研究出了得高分的策略，可以说是一套路线，而这条路线也恰恰禁锢了我们的思路，没有了更大的进步。在初赛中我们击败了独占鳌头达2星期的C组，拿到了第一。言语无法表达，真的，我不知道应该用什么样的言语表达自己的心情，那晚11点半我给家打了个电话，要一直关注我的父母分享了我的喜悦。但是我还是告诫了自己："只须骄傲这么一天，明天就要重新开始了。"后来很开心，我们5.1放假了，然后是端午节，老师之前说放假，结果我跟C.C上午早早的走了，还没到家，L.S打电话说还得继续培训，我们傻了，因为我们现在是比赛，是选拔队伍去日照比赛，我们不能输，最终我们在家呆了一天冒着烈日又从菏泽回到了济南，到了济南的当天我们拿着行李来到了培训机房，继续…坚持…。

后来我们参加了用友，当时我这样跟大家说，或许有点夸张："中教一天的学习的等于以前一个星期学的，反之用友一天学的等于中教一个星期学的。"当时我们的目标不仅仅是竞争谁能代表参加比赛了，而是在竞争去学习更多的东西，用友就是大的金矿，我们就好比一台开采车，任我们去拼命的努力，始终开采不完，充实，好充实！后来用友的培训即将结束了，老师选了我们组，组员有：M. D. J，Y. W. W，Z. Y. F，H. B，但是我们的成绩并不如C. C组，我们不了解原因，我一点都高兴不起来，真的，我不知道为什么，当时我好不想去，好想问问老师，但是我没有，我还要对我们组的其他成员负责。我们要做到就是把该做的做好，我们继续早晨5点半起床步行道商业街，挤上公交，到了济南转车，我理解对一个晕车的人来说，在上班的8点高峰期，在公交车内，脸色煞白是什么感觉。后来下雨了大部分的都没带雨伞，上衣淋湿完了，C. C鞋子湿透了，我们没有丝毫的怨言，嘻嘻哈哈去培训了。我们宁愿下雨，因为那样天气就没有那么炎热了。我们知道辛苦的不光是我们，还有老师。即使为了老师，我们也应该做好。那种站着不动都能浑身出水的天气下，我们每天挤在窄小的房间里讨论至深夜。我们为了10块钱由C. C带头跟房东讨价还价，但是我们不觉得辛苦。为了能有更好的战略我找到了之前C. C组的CEO商量，我知道取他人之长补己之短，是一种胸怀，更是一种进步。我始终坚信史玉柱说的："你的胸怀有多大，你的事业就有多大。"后来我们学习了山建的战略，很难很难，一不小心你就会一败涂地，两次实验，由于我的低级失误，全部落败了，破产了，Z. Y. F哭了，好伤心好伤心。我知道我们的努力白费了，是我的失误造成的，是一个弱智的失误造成的。我真的特别难受，眼泪真的是打转，我去洗手间洗了洗脸，清醒了下，身为一个男人我更要坚强，大赛将至，我们要做的是必须建立起自信心，把大家团结在一起。

中间我还要参加系里的辩论赛决赛，我必须做好，大家知道沙盘需要消耗我大多的时间，还是信任我让我参加了决赛，我不能让他们失望，我要对团队的每一个人负责。很累，但是很充实。后来比赛了，薛主任也陪了我们两天，我们没有让老师们失望，我们给了各大院校一个大大的惊喜，我们在培训中两次失败的战略使我们在第 3 年经验完拿到了第一名的好成绩，晚上我们讨论，第二天我们拿到了亚军，但是我依然高兴不起来，我知道第 4 年上的生产线直接导致我们后来的走向，虽然之前是在讨论过后上的线，但是我知道作为一名 CEO 我有推卸不了的责任。再后来我回到了我们小组，去了日照，之前对 C. C 对大家的承诺在激烈的竞争环境下烟消云散，虽然我们依旧嘻嘻哈哈，虽然老师拍着我们的膀子说："没关系，你们已经很棒了。"但是我理解大家的心情，为了使大家从失败的阴影中走出来，我们去了海边，第一次见到大海，第一次体会到了波涛汹涌，体会到了无边无际。

至此沙盘比赛结束，我们有了目标。

二、烟雨朦胧，大赛情

"晓来风，夜来雨，晚来烟。是他酿就春色，又断送流年。"这是张惠言的诗句。时光飞逝，转瞬又是一年。在不经意间，大学生活即将过去。从踏入大学的懵懂无知，到现在的收获颇丰。在这段学习的过程中，是什么伴随着我走过这段路程？是 ERP！是企业经营管理模拟沙盘大赛！

作为新生考入山东劳动职业技术学院，我参加过很多学院社团，但真正找到兴趣所在是在 ERP。2009 年开始接触它，在老师的培训指导下，从开始的一无所知到后来的掌握运用，并在老师的指导下参加山东省赛区 ERP 大赛，并取得亚军的好成绩，这背后少不了老师不辞辛苦的培训与指导。我们不能忽视也不可忘记的，也最应感谢系领导、学院领导的关心支持！感谢其为我们创建一个实现自我、创新设计的平台！

今年系里建立了 ERP 实训室，为我们提供了更好的培训设备和环境。从 4 月份开始了大赛前的培训，每天自习及课余时间，在实训室里或以个人或以小队为单位进行激烈的对抗训练，每天都是 11 点多回宿舍，当然星期六、星期天的培训也是必不可少的。就这样我们培训了 2 个多月，最终在沙盘模拟经营大赛山东省省赛中两支队伍分别取得了特等奖、一等奖的好成绩。由于只有特等奖晋级国赛，而我们队获得了一等奖，所以与国赛无缘！说实话真不甘心，失望过、郁闷过、痛苦过，比赛刚结束的那段日子真不好过，每天都没精打采的，不过坏情绪很快结束了，因为我们有一组进入了国赛，接下来又投入了激烈而又忙碌的训练当中，7 月 14 号学校放暑假，而我要在 7 月 20 号去天津参加国赛，我们要继续在校培训，进行为期一周的集训，最终确定比赛策略，我们做好了充分准备，准备了多套经营方案，20 号那天下雨，书记带伤陪同我们乘车赶往天津，主任在去车站的过程中衣服都湿了，我在心里就默默得想，系领导给与高度的关心支持，全程陪同，保障后勤，我们一定要取得好成绩，才能不辜负他们的期望！22 号经过两天激烈的角逐，在全国各省 65 只代表队中取得了一等奖的好成绩，在这两天的比赛中，不管是在里面比赛

的队员，还是在场外等待的领导老师，都付出了很多，老师一直咳嗽不停，书记也一瘸一拐的陪同，不管是每次比赛间隙吃饭时间，还是晚上回去睡觉的时间，我们都在研究对手，思考对策，进行下一步的运行！天道酬勤，有付出就有收获，虽然没有取得唯一的特等奖，但我们也取得一等奖的好成绩！我相信在将来的比赛中，我们会像中国乒乓球队员一样，勇夺冠军！

在这两年的 ERP 学习成长中，我学会了很多，感受体会也很多！

1. 在参与中学习、在错误中成长

中国有句古语叫“一将成名万骨枯”，这句话除了对战争残酷性的批判之外，还揭示了一个更加深刻的管理学问题，那就是完全在实战中培养管理者，其代价是极其惨重的，任何组织和个人都难以承受如此巨大的培养成本。

但是在沙盘模拟训练中，我认为多犯错误收获更大。不管你犯了多少低级可笑的错误，暴露了多少自身存在的缺点，有多少决策和执行的失误，都不会给企业造成任何实际的经济损失。要勇于提出自己的想法，去实验它，找出不足，寻求突破。模拟经营中那些教训和失败的经历却能使我们更好的找出不足，提升自我，在失败中前进。不怕失败，你才能取得成功。

2. 用战略眼光看问题

俗话说：“凡事预则立，不预则废”。战略是基于对未来的预期，因此，管理者应培养起战略意识，包括敏锐的眼光和洞察力，及时有效的作出正确的预期，为公司的生存与发展指明方向。战略应包括长期战略和短期战术，管理者应既能预测未来，也能立足现实。

沙盘模拟培训的设计思路充分体现了企业发展必然遵循的历史与逻辑的关系，从企业的诞生到企业的发展壮大都取决于战略的设定。要求管理团队必须在谋求当期的现实利益基础之上做出为将来发展负责的决策。在第一年打基础，你的决策关系到你后几年的经营，学习运用长期的战略思想制定和评价企业决策，而且必须有诚信的职业操守。

企业是面向市场的，而市场是多变的，有时候甚至是不可预测、充满危机的，企业可能会因此陷入困境，进退维谷。这就要求管理者要有良好的企业家素质，具体包括危机意识、责任心和抗压能力。

3. 运用集体的智慧

一个组织是否成熟，最明显的标志就是看它有没有能力形成并运用组织的智慧。沟通、协作和群体意识在未来企业竞争中的作用越来越被有远见的组织所关注。显而易见，独断决策的传统管理方式已不适应企业发展，企业的竞争越来越趋向于组织整体智慧的较量。

我们队成员在这一点上占据了很大优势，最后优秀成绩的取得在很大程度上归功于我们的群体决策。在巨大的竞争压力和时间压力下，要想取胜就必须快速建设能力超群的高效团队，形成团队个体之间的优势互补，运用团队智慧，对环境变化做出准确的判断和正确的决策。在没有经验的一群人中，如果只按照自己分内的职责作事，不情愿别人插手的做法，无疑太过狭隘并且没有发展的前景。

4. 进行市场调研

“知此知彼，方可百战不殆”只有在进行了市场调查，对市场数据信息（市场需求、生产能力、原材料、资金）有了充分的了解，并加以分析（利润表、资产负债表等财务报表）和判断后，才能做出适当的战略计划（广告订单、贷款、设备的改造更新、认证资格、市场的开拓、产品的研发等的投资规划）。当然还有运用外出查探等办法，了解对手是你成功的基石。

5. 作为营销总监的体会

我深刻体会到生产制造型企业的运转流程。营销，生产，采购，财务，环环紧扣，息息相关。任何一步都不能出差错。而营销总监涉及市场分析预测，接受市场订单，是互动性很强的一个职位。比如外出间谍搜集对手牌面信息，其任务不仅仅是获取情报，关键是能够把对手的情报在自己的脑子里进行整理和加工，形成自己的应对策略和思路向队友汇报，之前受了错误的经验影响，以为营销总监无足轻重，接下这个岗位的时候还有些不乐意。后来随着比赛进程的推进，才逐渐意识到最有挑战性和趣味性的工作就是营销总监了。

虽然我是负责营销的，但是其他部分工作我也参与过，旁观，口算，纸笔计算，出谋划策。说实话，我认为时间有限情况下，一个人做计算和决策就足够了……，在各执己见的情况下，各个总监怎样迅速作出决策，并且说服其他人。或者提供数据报表，接受他人意见和建议。现实中离不开团队合作，没有合作精神会被当今社会所抛弃。其中，我还深深感受到个人性格对于职业角色的影响。在团队合作中，明确自己的职责是非常重要的。其他人可以帮忙，但是不应该越权。因为自己最清楚自己负责的工作细节。

通过沙盘模拟，我深刻体会到了“在参与中学习，在错误中学习”。因为我们积极参与，所以我们受益匪浅。因为不怕犯错，所以我们积累了很多经验教训。我们在乎结果，但是我们更在乎过程，虽然很累但很值得。“一份耕耘，一份收获”，带着这个理念我们冲向美好的未来。

三、沙盘大赛，又踏征程

列车行使在烟台前往济南的路上。还有两个小时就要到达我们的目的地—济南了，我们也即将完成本次比赛的旅程。

可以说，本次比赛收获很丰富。赛前，我们经历了一个多月的集训，很累，很辛苦，虽然大家嘴上多少都是有点儿小怨言的，但是我知道，绝大多数的同学都还是很努力的，因为我们知道目标是什么。去年我们在培训三天、没有经验、没有实验室的前提下取得了山东省总决赛亚军。我们知道自己完全有力拿冠军进国赛的，恰恰就是因为我们经验不足，没有大胆的上生产线，才导致最后经营第六年的时候将冠军拱手相让，或许在别的院校里面，我们就是所谓的新手吧。不过，回想起来我们也的确是新手，在那样的一片蓝海的前景下我们竟然手里拿着钱不舍得花，不舍得上生产钱，导致产能跟不上，最后被超越。

本次比赛我们信心十足，我们丝毫不畏惧其他院校，甚至有一种渴望，渴望跟那些所

谓的传统强队过过招，从而给自己一个准确的定位。通过之前的一次用友公司的一次济南网赛，我们已经了解到自己的水平，我们拿出来了我们省赛的战略，我们不害怕被别人模仿，更不害怕被超越，用一句网上流行语就是“哥一直被模仿，从未被超越”。有点好笑，我一直觉得每一套战略都是根据人而制定的，他牵扯到一个人的性格等等因素，打个比方，一个胆小懦弱之人，你让他做P4产品，告诉他策略怎么走可以，但是后面以他们的性格他们是不舍得对广告费的高投入的，既然他们想花100块钱在CCTV打个广告这也是不可能的，结果只会导致他们效益低下。最好的东西并一定是最适合自己的东西，而且一套好的战略绝对不是最后的权益，不是他怎么贷款怎么上生产钱，他的精髓所在，不经历过多次磨练也是出不来的，别人的东西我们只可以借鉴绝不可以照搬，照搬只会让我们迷失自己，跳进一个自己为自己设进的圈里面，当你进去后再想出来，太难。

本次比赛我们选择的是暴利的P4产品，仔细研究去年国赛的经营环境，P4同样的暴利但是去做的人依旧有一个很舒适的环境，原因在于每一个人的心理，就好像我们去做市场调查一样，这些人，在同样的宏观环境下，他们有的选择了P2有选择P3也有选择P4的，结果就绝定了他们的出路。思路决定出路，这句话非常有道理。我始终觉得做战略，打广告就是做心理打心理，时时刻刻在了解竞争对手的同时去分析竞争对手的心理，当然，这些也需要一些科学数据的前提下。古有刘邦“夫运筹于惟帐之中”并最终一统天下，今有不会打仗的毛主席打跑了侵略者。就像P4转P1产品，在第四年第五年是P1的入住高峰期，但是由于前期战略需要，导致后期P1产能跟不上，所以广告费打个1就OK了，在比赛中更是出现8家左右的广告份额为1，唯有一家打2的独大，广告费的多打个1有十几个订单的选择权，拥有比别人每个毛利高一的优先选择权，你接4个产品，就高了4个毛利，扣去那一个广告费，你就多赚了三个毛利，相对于比他们多卖了一个产品了。我们一定要时时刻刻把自己当成一个平常人对待，但是要时时刻刻提醒自己不要平常，因为当大家都知道这样赚钱的时候，你也这样做，那么你就不会赚到钱，即使现实的市场环境也是这样，先进去的有肉吃，后进去的连汤都喝不到。既然我们是平常人我们要去做不寻常，我们就要在自己原先的思维上多加个1，这也是我打广告费的诀窍。而且有时候我也不舍得多打那个1，即使明知道多打了我们会赚的更多，但是就是还有点舍不得，觉得对手可能怎么怎么样，不用打那么多，但往往事与违背，恰恰就是因为可能导致我们陷入困境。我们要时刻提醒自己，这个世界不存在傻子，把自己想傻点，想笨点，把别人想聪明点对自己只有好处没有坏处，这也是为什么这个世界有那么多的聪明人而智者却只有寥寥的那么几个。“舍得”二字，说起来简单，但是做起来真的很难，拿竞单会打比方，我们只有一次投单的机会，明明知道竞争对手很多，但是我们依然会选择高价拿单，因为高于成本的2—3倍的价格拿单，拿的下来的话，对于权益低的一步登天，对于权益高的，竞争对手只有仰视的资格了。这种情况甚至连赌博都算不上，或许也就算是买彩票吧，但是恰恰就是因为我们太贪，导致竞争对手以低价格把订单拿下来，大赚小赚都是赚，小舍才有大得。他多赚一个就会把你拉的更远，我们需要大胆创新。但是，创新不是赌博，不是送死，明知道前方是火海还高喊着大胆创新的跳进去，这种人只能称之为莽夫，不可称之为勇士。

本次比赛的前一天晚上我们考虑了一夜的广告费，晚上3点做一个梦了，梦到我们的广告费14+1的策略不行，因为有好几个打15的正好高我们一头，然后继续，睡了，接着上一个梦，系统重新给我们一次选单机会，我又打了个14，当时我记得还自嘲了一下，说自己不是傻么。第二天广告费我们换了，就做15，因为我们能够保证我们第一个投放广告。不是我们迷信，而是我们必须保证第一个接单，才能使策略顺利进行。事实证明那天广告费3家打15的，我们在15中是第一个拿单，但是恰恰碰到个比我们更不要命的广告费19。真不知道是我们太保守，还是他们太拼命了。但是后面的经营情况我们能够看得出，他们是买彩票中奖了，而并非勇士。但是市场之下不不乏有这些莽夫，我们没有考虑到，也是我们失误，最多的只有不甘，可是不甘心又有什么用呢。

至此，比赛结束，收获依旧颇丰。